Alexandre Luiz Mazzei da Costa e
José Alexandre Teixeira de Morais

INVISTA COM SUCESSO NA BOLSA DE VALORES

Estratégias utilizando ações e opções

Invista com Sucesso na Bolsa de Valores
Estratégias Utilizando Ações e Opções

Copyright© Editora Ciência Moderna Ltda., 2010
Todos os direitos para a língua portuguesa reservados pela EDITORA CIÊNCIA MODERNA LTDA.
De acordo com a Lei 9.610, de 19/2/1998, nenhuma parte deste livro poderá ser reproduzida, transmitida e gravada, por qualquer meio eletrônico, mecânico, por fotocópia e outros, sem a prévia autorização, por escrito, da Editora.

Editor: Paulo André P. Marques
Supervisão Editorial: Aline Vieira Marques
Copidesque: Luiz Carlos Josephson
Capa: Márcio Carvalho
Diagramação: Janaína Salgueiro
Assistente Editorial: Vanessa Motta

Várias **Marcas Registradas** aparecem no decorrer deste livro. Mais do que simplesmente listar esses nomes e informar quem possui seus direitos de exploração, ou ainda imprimir os logotipos das mesmas, o editor declara estar utilizando tais nomes apenas para fins editoriais, em benefício exclusivo do dono da Marca Registrada, sem intenção de infringir as regras de sua utilização. Qualquer semelhança em nomes próprios e acontecimentos será mera coincidência.

FICHA CATALOGRÁFICA

COSTA, Alexandre Luiz Mazzei da; MORAIS, José Alexandre Teixeira
Invista com Sucesso na Bolsa de Valores
Estratégias Utilizando Ações e Opções

Rio de Janeiro: Editora Ciência Moderna Ltda., 2010.

1. Bolsa de valores.
I — Título

ISBN: 978-85-7393-943-9   CDD 332.6

Editora Ciência Moderna Ltda.
R. Alice Figueiredo, 46 – Riachuelo
Rio de Janeiro, RJ – Brasil   CEP: 20.950-150
Tel: (21) 2201-6662/ Fax: (21) 2201-6896
LCM@LCM.COM.BR
WWW.LCM.COM.BR

AGRADECIMENTOS

Agradeço primeiramente a Deus, a minha mãe Elvira e a toda família Mazzei que eu amo muito. Ao meu amor, Luana Ferreira, que tanto me ajudou nessa caminhada, com sua compreensão e incentivo.

Não poderia de deixar de agradecer também ao professor José Alexandre e ao professor Santos, que estavam sempre presentes nas discussões e dúvidas sobre o mercado financeiro e, em especial, ao meu novo gerente de investimentos, Leonardo Vanucci, que tem se revelado uma grata surpresa nesse meio, e ao seu xará, Leonardo Loures, diretor da produtora FINER Vídeo. Um especial agradecimento ao meu editor Paulo André e toda sua equipe e a João Medeiros, autor do programa "Grafix", pois sempre acreditaram no meu projeto de popularização do Investimento em Bolsa.

Alexandre Mazzei

Agradeço ao coautor deste livro, Alexandre Mazzei, pois foi quem mais me incentivou a participar desta obra. Uma pessoa persistente e que aprende cada vez mais. Ao "Sr. Mercado", pois ele me ensinou que sempre está certo e que devemos nos curvar a ele e nunca competir com ele. Ele é muito mais forte emocionalmente. Aos meus colegas mestres da área de finanças que muito contribuem para meu aprendizado. À minha esposa Elen Morais que sempre esteve do meu lado me fazendo perseverar nos momentos ruins do mercado e sempre me deu força e entendeu meus desânimos momentâneos.

Alexandre Morais

Esta obra é destinada a colocar as nossas técnicas de investimento em ações e opções através da Internet, pelo sistema *Home Broker*. Ela não cita todos os detalhes sobre lançamentos de opções. Nela são relatadas estratégias utilizando a análise gráfica e derivativos, pois fazem parte do processo de investimento. Todas as estratégias apresentadas foram utilizadas pelos autores, alunos e amigos. Em nenhum momento os autores indicarão a melhor, pois não existe melhor estratégia mas, sim, a estratégia mais adequada a cada investidor. Todos os fatos relatados são verídicos e as estratégias apresentadas podem resultar em lucro ou prejuízo. Em nenhum momento, quando é citada uma ação ou opção, o autor ou a editora têm o interesse de influenciar as decisões de investimento do leitor.

Em se tratando de ações do tipo *Blue Chips*, é importante lembrar ao investidor que o sistema de investimento de bolsa de valores é considerado de risco médio a alto e que também a realidade econômica muda de acordo com o tempo em que vivemos.

Tanto o autor, como a editora, isenta-se de toda responsabilidade por qualquer prejuízo ou risco, profissional ou de qualquer tipo, adquirido em consequência direta ou indireta do uso ou aplicação do conteúdo desta obra.

"Bem-aventurado o homem que acha sabedoria, e o homem que adquire conhecimento.

Pois vida longa de dias estará na sua mão direita; e na esquerda, riquezas e honra."

Provérbios 3:13-16– Bíblia Sagrada

"Este livro é dedicado ao maior investimento de minha vida, a minha filha Bruna Mazzei. Apesar da distância, te amo muito!"

Invistam em seus filhos!

Sumário

Introdução 1

Por que investir 5

Como identificar o seu perfil 11

Como investir 15

Análise Técnica ou Gráfica 25

Como entender os gráficos 31

Cruzamento de Médias Móveis 38

Como usar o MACD 48

Como usar o IFR 57

Como analisar os gráficos para curto prazo 61

Opções 67

Remuneração em carteira 72

Ponto de equilíbrio 79

Venda coberta (operações reais) 83

Travas com opções 93

Estratégia 129

Estratégias de curto prazo 131

Estratégias de longo prazo 137

Pagar impostos sem medo 145

Pagar impostos sem medo 147

APÊNDICE A - Considerações finais sobre opções 153

APÊNDICE B - Sobre os exemplos de operações reais 161

APÊNDICE C - A Deficiência da Matemática 165

Epílogo 171

Bibliografia 177

INTRODUÇÃO

Quando iniciamos este projeto, pensamos em escrever um livro que não fosse muito teórico e que relatasse algumas situações vivenciadas por nós, além de mostrar estratégias que já utilizamos em nossas operações. Vale ressaltar que não temos a intenção de influenciar o investidor a utilizar as estratégias que são apresentadas nesta obra, mas queremos mostrar que nós as utilizamos e que já ganhamos e perdemos com elas.

No nosso ponto de vista a melhor estratégia é aquela que é seguida fielmente e racionalmente.

Depois de anos investindo, podemos concluir que o pior nas operações do mercado é dar uma ordem de venda com prejuízo. Nesta hora, o emocional atua e o investidor, se não seguir a estratégia, pode perder ainda mais. A grande satisfação é quando a ação é vendida e o mercado continua caindo. Dá uma sensação boa, de dever cumprido, e o investidor começa a se preparar para uma nova compra. Mas e se o mercado sobe? O investidor observa o novo ponto de compra e recomeça sua estratégia, esquecendo o que aconteceu no passado.

Mas a pior sensação é aquela culpa de não ter feito nada e verificar, depois de um determinado período de tempo, que a sua carteira está, por exemplo, 30% menor, e que, neste ponto, o investidor não tem mais coragem de vendê-la. Nesta situação, a maioria dos investidores fica sem operar um longo tempo.

Quando a ação volta ao seu preço de compra, ele vende e sai do mercado. Esta situação já aconteceu conosco, pois não seguimos a nossa estratégia e só não saímos do mercado porque, neste período, aprendemos a fazer operações estruturadas com opções, conseguindo permanecer no mercado até hoje.

Esta obra cita primeiramente a importância da poupança. Isto é, da necessidade de guardar dinheiro para futuras aplicações, bem como da importância de se identificar o perfil de cada investidor, para que, com isso, seja escolhida a melhor estratégia.

Nos capítulos destinados à análise técnica mostramos alguns indicadores existentes no mercado, valendo ressaltar que escrevemos sobre aqueles que mais utilizamos.

Nos capítulos destinados ao mercado de derivativos, as operações de opções destacam mais especificamente as estratégias que podem ser utilizadas pelos investidores em detrimento de um maior detalhamento teórico, que será deixado para um futuro livro.

A leitura deste livro atenderá o investidor iniciante e poderá também ser útil para investidores mais experientes que buscam fazer operações diferentes daquelas do mercado à vista.

POR QUE INVESTIR

O primeiro passo para o investidor é entender a importância de investir.

Investir é retirar do presente um pouco dos seus recursos, em prol de um futuro promissor, para uma melhor qualidade de vida.

É comum para qualquer pessoa ficar em dúvida sobre a real importância de se tirar do presente algo que se tem, e que pode ser aproveitado no momento, para guardá-lo para um futuro que é incerto. Esta dúvida aumenta em função do tempo de retorno do investimento realizado, da incerteza desse investimento em longo prazo e da pouca informação do investidor.

A melhor forma de buscar essas informações é através de leituras de assuntos que permeiam o processo de investimento.

Entre muitas conversas que tinha, e ainda tenho com "meus alunos" e amigos, defendo a necessidade de se fazer um planejamento financeiro. O que mais ouço falar de várias pessoas é o seguinte:

– Para que planejar o futuro se ele é incerto? Eu vivo o presente.

Este relato tão comum me incomoda e eu respondo na maioria das vezes da seguinte maneira:

– O futuro é incerto, mas ele pode e vai chegar. Viva o presente, mas planeje seu futuro.

Lição do dia:

O futuro é incerto, mas ele pode e vai chegar!

Viva o presente, mas planeje seu futuro.

8 ◆ Invista com Sucesso na Bolsa de Valores

Diante destes comportamentos e ideias, o assunto "investimento" assumiu uma importância significativa em nossas vidas.

. O INÍCIO DA TRAJETÓRIA DE INVESTIDOR

Cada um de nós tem uma história para contar de nossas vidas e do nosso aprendizado financeiro. Alguns passam bastantes dificuldades na sua infância, outros trabalham arduamente na adolescência, mas sempre retiramos boas histórias para lembrar.

Ainda jovem e sem conhecimento na área de renda variável, comecei trocando dólares com o pai de um amigo meu. Era pouco, eu comprava cinco dólares, dez dólares e guardava na minha gaveta. O pai deste meu colega me incentivou a fazer isto e sempre trocava a minha moeda pela moeda estrangeira, por menor que fosse o valor. Isto foi me dando uma satisfação, e guardar os dólares era tudo que eu sabia fazer. Até que aprendi o significado da palavra "risco". Os dólares que eu havia guardado na gaveta foram roubados e a partir daí procurei por investimentos mais seguros e abri a minha caderneta de poupança. E continuei poupando.

Não sabia ainda a diferença entre ativos e passivos, mas nunca fui de comprar passivos, ou seja, comprar aquilo que era desnecessário, ou seja, aquilo que eu usaria somente por um período curto. Hoje eu sei distinguir um ativo de um passivo. O conceito de ativo e passivo mais simples que encontrei até hoje foi o seguinte: "Ativo é o que coloca dinheiro no seu bolso e Passivo é o que tira dinheiro do seu bolso". Continuei investindo. A grana era curta, pois ainda era estudante, mas a satisfação era a mesma. Guardar um pouco todo mês me fazia feliz. Até hoje trago esta alegria e acho que o dinheiro que guardamos, oriundo de um salário ou de um pró-labore, é o nosso verdadeiro pagamento, ou seja, é este dinheiro que no futuro nos trará tranquilidade, seja em relação à perda de seu emprego, ou à quebra de sua empresa, enfim em qualquer situação que o deixe acuado.

Para se ter ideia do valor do dinheiro no tempo, vamos fazer alguns cálculos utilizando a Matemática Financeira. Se um investidor poupar todo mês R$ 500,00 e aplicá-los num fundo de investimento cujo rendimento seja de 0,8% ao mês, ao fim de 10 anos, ele terá acumulado em torno de R$ 100.000,00. Este capital trará tranquilidade, pois será uma "gordura" que poderá ser queimada em tempos difíceis.

Ainda na minha adolescência, investia em fundos e o que me mais me agradava era que todo mês aquele dinheiro acumulado aumentava de valor sem que precisasse trabalhar. Como eu ainda era estudante e os recursos escassos, a quantia não era vultosa. Até que chegou o momento de entrar na renda variável e foi neste ponto que vi que o acumulado podia estar maior, igual ou menor do que em períodos anteriores. O mundo ficou mais emocionante. Eu tive de estudar para conseguir fazer com que o meu dinheiro aumentasse.

Ao contrário de que muitas pessoas pensam, ganhar dinheiro em renda variável é difícil. Tem que estar ligado no mercado, ter uma estratégia e segui-la fielmente. Tem que saber perder para poder ganhar e ter muito, mas muito mesmo, controle emocional. Como dizem no mercado: é o "difícil dinheiro fácil".

Como identificar o seu perfil

Para fazer investimentos é preciso identificar o perfil de cada pessoa. Se você comprou este livro, creio que seu perfil seja arrojado ou agressivo, ou em fase de mudança: de conservador para arrojado. A definição dos diferentes tipos de perfis seria a seguinte:

.PERFIL CONSERVADOR

Se você tem perfil conservador, invista em poupança, em fundos de investimentos, títulos públicos ou outras aplicações, onde o seu dinheiro aumentará ou permanecerá conservado no decorrer do tempo. Neste caso, o risco de perda de dinheiro se limita a quebra de um banco ou a uma turbulência na economia interna ou externa. A grande desvantagem deste tipo de aplicação é o baixo rendimento. Indico este tipo de investimento para pessoas que já estão em fase de aposentadoria ou que não suportam ver seu patrimônio diminuir.

.PERFIL ARROJADO

Se você tem perfil arrojado invista parte de seu patrimônio em renda variável e aceite ver o valor de seu patrimônio oscilar. Parte de seu capital estará "alocado" no mercado à vista e outra parte em derivativos como forma de proteção (*hedge*). O percentual de alocação em renda fixa e em renda variável depende do fator emocional e da idade. Quanto maior a idade, menor deve ser o capital aplicado em renda variável.

.PERFIL AGRESSIVO

Se você tem perfil agressivo, arrisque uma parte do seu capital, o qual pode diminuir ou aumentar de maneira significativa. Este tipo de investidor aplica no mercado à vista e no mercado de derivativos. Geralmente faz "alavancagem" no mercado a termo, e, quando o mercado, cai utiliza o aluguel de ações. Nesta modalidade de investimento temos dois tipos de investidores: uns que têm um controle emocional muito grande e aceitam essas variações e até quebram e outros que viram *trader*[1] e trabalham demais para manter seu capital.

Antes de começar a investir, o ideal é saber o quanto alocar no mercado de renda variável e estudar muito para não perder dinheiro. Se você leu isto, acho que já está no caminho certo e este livro o ajudará na escolha **de uma estratégia de investimento.**

---

1 *Trader* – operador do mercado.

COMO INVESTIR

Neste capítulo irei tratar do fator mais importante no sucesso de investimento em ações e opções, que é a escolha de uma estratégia de investimento. Este procedimento ajudará a encontrar o tipo de estratégia mais adequada de tal forma que proteja o lucro e minimize as perdas. Só assim o investidor se manterá no mercado com possibilidade de ganho.

Muitas vezes, olhando a tela do *Home Broker*[2], me sentia preso a investimentos que não eram realmente o que eu desejava. Olhava a minha carteira de ações e perguntava: – Como eu cheguei a esse ponto?

Na verdade o que realmente eu não sabia, devido à experiência da época, é que eu errava em algo muito simples que não ocorreu naquele momento em que estava parado, estático, em frente à tela do *notebook*. Ocorreu muito antes...bem antes...ele ocorreu no momento do investimento, pois eu não tinha uma estratégia.

Em um seminário na Bovespa que participei, em determinado ano, verifiquei o quanto é heterogêneo o mundo dos investidores. Eram muitas dúvidas e muitas "mentes" pensantes, cada qual com sua linha de raciocínio e alguns estavam ali na tentativa de obter algumas dicas de mercado, o que dificilmente iriam conseguir. Era um dia de mercado em baixa e estas pessoas queriam ficar mais aliviadas tentando descobrir a causa da queda das ações.

O palestrante deixou claro que, naquele momento, qualquer coisa que ele dissesse iria agradar os ouvintes, pois era esse o conforto que os convidados queriam, contudo as pessoas não entenderam muito bem e acharam que ele estava "escondendo o jogo".

---

2   *Home Broker* é o sistema eletrônico onde o investidor coloca suas ordens através do computador. Este sistema substitui o procedimento de ligar para a corretora e pedir para o corretor enviar a ordem de compra ou venda de um ativo.

18 ♦ Invista com Sucesso na Bolsa de Valores

Para mim, foi uma decepção, pois achei que estava entre os melhores, mas percebi que não era bem assim, pois a emoção estava dominando aquelas pessoas naquele momento de baixa das ações no mercado.

Certo dia, eu encontrei com meu amigo investidor e coautor dessa memória, e após uma conversa longa, relembramos algumas estratégias de investimento que foram abandonadas por nós, por acharmos que a fórmula mais difícil e complicada é que seria a ideal. Este fato nos deu certo teor de nostalgia naquele momento. Com isso, verificamos como complicamos nossa forma de investir sem qualquer necessidade. No final do dia, após discutirmos vários assuntos financeiros e falarmos das nossas experiências de estratégias, chegamos à seguinte conclusão:

Lição do dia:

Não importa se a estratégia é simples, se está funcionando, continue!

Tenha sempre em mãos uma contraestratégia.

A contraestratégia é sempre mais importante do que a própria estratégia em si. Ela é que protegerá os seus lucros ou evitará que você tenha perdas significativas através dos tempos. No mercado, temos que ter o Plano A, que é o plano de entrada. Depois o Plano B quando o mercado está se desenvolvendo a favor do seu planejamento e, por último, o Plano C, quando o mercado vai contra o planejado. O plano C é o mais importante, pois é ele que vai ser o Plano Racional e não vai deixar suas emoções atuarem.

Antes de determinar sua estratégia de investimento, é necessário buscar o seu perfil em relação ao tempo de investimento, ou seja, o que realmente você deseja como retorno em um investimento. Pessoas com perfil de curto prazo são completamente diferentes de quem imagina um investimento de longo prazo. É fundamental identificar o seu perfil antes de investir em ações e ou opções. Você deve estar achando que isso talvez seja "papo de gerente de banco", mas não é.

A felicidade em relação ao que você deseja, depende exclusivamente da sua opinião, o que você quer de retorno para o seu investimento e quanto tempo é necessário para ele.

Por exemplo, pessoas, que desejam viver o hoje e gostam de aproveitar a vida intensamente, não devem pensar em investir em longo prazo, pois sua visão é "imediatista", ou seja, o perfil é de retorno rápido. É indicado para este investidor o modelo de curto prazo.

A identificação desse perfil gera confusões e essas são motivos de brigas constantes em *sites* de investimento. Os investidores que trabalham no curto prazo ficam fazendo propaganda da sua opção, dizendo que esta é a melhor forma de se investir. Os investidores de médio e longo prazo não concordam e surgem as discussões sobre as performances dos investimentos, o que resulta em uma boa aprendizagem para todos.

Curto, médio e longo prazo são ótimos investimentos, todos são eficientes, pois o importante é saber identificar o seu perfil e não entrar no investimento que não serve para você.

Lição do dia:

Identifique seu perfil antes de investir!

Paralelamente à definição do seu perfil, devemos identificar qual o grau de tolerância ao risco você possui: o que é chamado, no mercado, de gerenciamento de risco. Esta tarefa não é fácil, pois estimar perdas e ganhos em um investimento é muito subjetivo. E o mais difícil ainda é identificar o quanto você realmente suporta, pois essas perdas ainda não ocorreram.

Escreva algumas perguntas do tipo:

Lição do dia:

Faça essas perguntas antes de investir:

Vou me permitir perder X?

Vale a pena arriscar X para ganhar Y?

Os valores de X e Y, você vai definir, onde "X" serão suas perdas e "Y", os seus ganhos.

Avaliar a tolerância ao risco conforme a vida, ou a situação econômica em que você se encontra também é extremamente importante. Ela é proporcional ao tempo do investimento. Quanto mais risco o investidor suportar, maior o tempo possível que o investidor suportará manter seu investimento para ter o retorno desejado. Ao contrário do pensamento do investidor de longo prazo, quem investe no curto prazo é menos tolerante ao risco. Quanto maior o prazo, mais chances de, eventualmente, maximizar os ganhos devido à diluição das oscilações do mercado. Essas diluições das perdas ocorrem devido ao fato do movimento aleatório do mercado tender à média, pois, segundo Gauss, todos os movimentos aleatórios tendem à média de seus resultados.

Faça uma reflexão de seus planos antes de investir, pois dependendo do seu tempo de vida, o grau de retorno ou risco sofrerá uma variação.

Veja agora como identificar que tipo de investidor você é, pela análise das características dos perfis do investidor de longo prazo e curto prazo. Caso você se "encaixe" nos dois perfis, o seu perfil será de médio prazo e /ou deverá usar recursos com as duas características de investimentos, ou seja, deverá aplicar recursos em longo prazo e também aplicar uma parte no curto prazo.

Curto prazo

Esse investidor tem baixa tolerância ao risco, possui metas de curto prazo. O objetivo de sua estratégia é comprar na baixa e vender na alta. Ele acredita que o mercado faz correções bruscas e que o investidor de longo prazo acaba por entregar todo seu lucro adquirido durante os anos. Este tipo de investidor deve ter uma estratégia de compra e venda de ações e aceitar perdas na utilização do seu método. O seu objetivo num determinado prazo é ganhar mais do que perder e, no fim, auferir lucro. É comum, a esse investidor, ficar ansioso quando ocorre variação brusca no mercado, este investidor tem de ter controle emocional, ser frio e calculista nessas horas.

Se a sua idade não permitir um investimento de longo prazo, você poderá optar por esse tipo de investimento. Se estiver muito próximo da aposentadoria não é aconselhável a bolsa de valores, a não ser que não tenha renda suficiente para se aposentar.

Longo prazo

Esse investidor possui alta tolerância ao risco e suas metas são para um prazo bem maior, acima de 10 anos. Ele pode fazer aportes periódicos e com o passar do tempo ter um preço médio pequeno e suportar as quedas do mercado.

22 ◆ Invista com Sucesso na Bolsa de Valores

Não possui grande comprometimento na renda e é uma pessoa que fica tranquila nas oscilações do mercado.

APÓS A ESCOLHA DO PERFIL

É importante usar apenas as técnicas relacionadas ao seu perfil e o mais importante ainda é não mudar no meio do caminho o tipo de investimento que você escolheu, a não ser que esteja no lucro. A mudança de perfil no prejuízo não trará sucesso a seu investimento.

É muito comum existirem críticas ao tipo de investimento escolhido, pois há casos em que o investidor era de curto prazo e passou a investir no longo prazo, porque não vendeu no momento certo, ou seja, operava no curto prazo sem *stop loss*[3] e, depois que seus ativos declinaram de preço, mudaram sua estratégia, definindo-a como investimento em longo prazo. Pelo fato de ter mudado de estratégia, o investidor pode não ter sucesso no seu investimento, pois recursos destinados ao curto prazo não podem ser destinados ao longo prazo no prejuízo, ou vice-versa, sem um planejamento adequado feito anteriormente.

Exemplo:

O investidor de curto prazo comprou um lote de ações da CSNA3, com o índice da bolsa de valores (Ibov), no patamar de 74000 e, logo após sua compra, o mercado despencou, ele não vendeu achando que ia subir, fato que não ocorreu.

---

3   O *stop loss* ou *stop* é uma ordem colocada no sistema, em que sua ação é vendida quando atinge certo nível de perda. Por exemplo: comprou-se Petr4 por R$30,00 e utilizando alguma técnica colocou-se seu *stop* em R$ 27,00. Se o preço da ação cair e chegar a R$ 27,00,ela será vendida automaticamente.

Vendo o seu prejuízo, e não o eliminando enquanto estava pequeno, a perda foi se tornando cada vez maior e, quando o investidor começou a ficar abalado emocionalmente, não aceitou a grande perda, considerou o investimento como de longo prazo. Após um ano ele entra em um *site* de relacionamentos reclamando que não conseguiu recuperar nem 20% da perda ou coloca no *site* outras coisas negativas a respeito do investimento a longo prazo. O exemplo apresentado é um dos mais comuns e mostra como o fator emocional influencia na tomada de decisões.

O que ocorreu com a performance do investimento?

Na opinião do investidor, foi simples: investimentos a longo prazo não funcionam!

Mas isso não é verdade. O erro dele foi simples, se ele tivesse escolhido anteriormente o investimento de longo prazo, ele nunca poderia ter comprado no patamar histórico do Ibovespa. Uma das ideias do investimento a longo prazo é a seguinte: comprar na baixa e vender na alta. Neste patamar, os investidores de longo prazo estavam vendendo, e não comprando como ele fez.

O erro no investimento de curto prazo, que o investidor operava, foi não ter vendido com prejuízo ainda pequeno, pois recursos deste tipo de investimento não podem ser expostos a riscos, ou deverão ter risco mínimo calculado, pois o tempo pode não ser suficiente para recuperá-los.

Nas compras de curto prazo sempre deverá ser usada a ferramenta *Stop*!

Se você busca oportunidades de maior retorno sem a ferramenta *Stop*, faça investimentos de longo prazo. Quanto maior o prazo do seu investimento maior a probabilidade da diminuição das perdas. Se o seu perfil for de curto prazo, utilize a ferramenta *Stop* de sua corretora ou faça as operações de venda "mecanicamente". Mas faça! Pois você, investidor de curto prazo, não terá tempo para a diluição de perdas.

A maioria das perdas, como no exemplo citado, é devido à falta de planejamento prévio.

Seja disciplinado, invista periodicamente de acordo com seu perfil, diversifique seus investimentos, tenha uma estratégia e uma contraestratégia.

Agora que você já conhece o seu perfil, serão apresentados, nos próximos capítulos, as análises e os conceitos de derivativos, para que você verifique as estratégias apresentadas, de forma que propiciem uma forma de investimento mais adequada.

Lição do dia:

Planejar antes de investir!

Análise Técnica ou Gráfica ◆ 27

Quando queremos investir, precisamos fazer uma boa compra.

Quando estamos com o dinheiro em conta, de frente ao computador, a primeira coisa em que pensamos é:

– Não quero ficar de fora!

Esse pensamento na gíria dos "internautas" chama-se: Não quero perder o bonde.

Neste caso, a emoção acaba vencendo a razão, e acaba-se por entrar no papel esquecendo toda a estratégia. Lembro um episódio que aconteceu comigo em 2007. Estava num seminário sobre o mercado de ações no período da manhã, e assim que o mercado abriu, a ação da Petrobras começou a subir de maneira vertiginosa. Comecei a ficar angustiado, pois estava perdendo o "bonde da Petrobras". Assim que terminou o seminário, pela manhã, fui correndo efetuar a compra da ação Petrobras, código "Petr4", sem analisar nada, e a história se repetiu, pois comprei no pico e tive de "estopar"[4] para minimizar o prejuízo. Seria melhor ter assistido às palestras da tarde, pois "o mercado não foge".

Por incrível que pareça, este relato real é interessante, pois ele passa uma lição importante que aprendi nesse período de tempo em que trabalho no mercado de ações:

Lição do dia:

-Perder o bonde não é tão ruim, pior é pegar o bonde errado!

- Mantenha a calma! O mercado não foge!

---

4   "Estopar"= termo utilizado pelo operador para indicar que acionou a ferramenta *Stop* da corretora ou simplesmente vendeu, assumindo os prejuízos.

O que eu quero dizer com isso, é que é muito pior investir na hora errada em uma determinada ação, do que deixar de investir na hora certa. Isso se deve ao fato de que, nos processos de investimentos de ações e opções, a primeira coisa a se pensar é evitar as perdas. E a segunda, também é evitar as perdas. Quanto menos você perde, mais aumentam as suas chances de lucro. Acredite!

Veja um exemplo:

Entrei em um investimento com mil reais e ganhei 20%.

Fiquei com mil e duzentos reais.

$$1000 + 1000 \times 0,20 = 1000 + 200 = 1200$$

Agora com os mesmos 1200 perdi 20%

Fiquei com novecentos e sessenta reais.

$$1200 - 1200 \times (0,20) = 1200 - 240 = 960$$

Neste exemplo, ganhei 20% e perdi 20%. Mas fiquei com menos que eu tinha antes de começar a investir!

Logo, evitar perder é o melhor negócio. E você evitará perdas identificando o melhor ponto para entrar ou sair do mercado.

Uma das formas de identificar um bom ponto de compra ou venda é utilizar a análise de gráficos da ação em que está pensando em investir. E sempre é bom analisar, também, os gráficos dos índices (Ibovespa, Down Jones,...) para ter uma ideia geral do que está acontecendo no mercado e não só da ação, pois o mercado, como um todo, influencia a ação, e se a ação for de alta liquidez[5], também influencia o mercado.

---

5   Liquidez = este termo é usado para definir ações que possuem muitos negócios no dia e/ ou o volume financeiro é alto, isto quer dizer que a ação tem alta liquidez, ou seja, é muito fácil de vendê-la ou comprá-la. Atualmente as ações da Petrobras e Vale do Rio Doce, influenciam demais no índice Ibovespa, na época em que foi escrito este parágrafo, as duas ações juntas tinham influência de 32% no índice. Mas antigamente quem influenciava eram as ações da Telemar (TNLP4).

Análise Técnica ou Gráfica ◆ 29

As análises gráficas não são tão difíceis quanto parecem. Se você não quer ser um *trader*, e quer apenas investir a longo prazo, as análises quase não vão lhe dar trabalho algum, para identificar os pontos possíveis para entrar e sair daquela determinada ação.

Você só deverá se escrever em um *site* que fornece esses dados gratuitamente e, a partir daí, estudar o mercado à noite, quando chegar do trabalho ou um pouco antes de dormir. Com um pouco de prática, bastarão apenas uns 10 minutos para isso.

Não será necessário para você, investidor de médio e longo prazo, ser especialista na área técnica. Você apenas irá focar **a coisa mais importante** que é saber qual **a tendência do mercado.**

Isso mesmo! Os gráficos são excelentes para indicar tal tendência. Você, ao analisar o gráfico de mercado, conseguirá identificar essas tendências e saberá, também, um possível momento, de compra ou venda das ações, que deseja ter em sua carteira.

POSSÍVEIS TENDÊNCIAS DE MERCADO:

Alta - Mercado está em alta e os preços tendem a subir. Compre!

Baixa - Mercado está em baixa e os preços tendem a cair. Venda!

Mercado de lado - Esse é um caso especial de mercado que será tratado mais adiante. Em princípio, este mercado não serve para investimentos de médio e longo prazo.

No mercado de lado ou sem tendência definida, podem ser utilizados osciladores, para entrada de alguma tendência.

Reversão de tendência para o investidor de longo prazo

Este é um caso especial, em que o mercado indica uma possível reversão, ou seja, se o mercado estiver em alta, ele poderá cair, se estiver em baixa, poderá subir.

Neste tipo de situação, se você é um investidor de longo prazo, não faça absolutamente nada! Espere o mercado se definir e verifique se houve a reversão, aguarde a confirmação de tendência de alta ou baixa antes de operar. Não opere sempre! Seu investimento é de longo prazo, não esqueça isso!

Reversão de tendência para investidor de médio prazo

Para o investidor de médio prazo, é necessário mudar a estratégia se estiver no lucro, veja:

1º Caso: O mercado indicou reversão, você é um operador de médio prazo, ele estava em alta e você está no lucro, "venda"!

2º Caso: O mercado estava em alta, indicou reversão, mas você estava no prejuízo, "Não Venda"! Espere a tendência se definir. Se realmente reverter, venda! Evite perder! Não compre com o mercado em alta por muito tempo, pois as chances de reverter serão maiores.

3º Caso: O mercado estava em baixa e indicou reversão. "Compre mais".

MERCADO DE LADO

Esta é a pior situação para um investidor de médio e longo prazo. Ao investir em um mercado que tem tendência de "lateralização", esqueça. Você está no pior momento para investir com esse propósito. Fique líquido.

No mercado lateral só tem vez quem é *trader*, só ganhará quem opera no curtíssimo prazo, ninguém mais.

O *trader* deverá analisar os gráficos no *Intraday*[6], verificar as indicações mínimas de tendência e os osciladores econômicos para poder operar, aproveitando as chances do dia. Ele vai "especular".

Se você não tem experiência nesse tipo de investimento e técnica, esse não é o momento para aprender. Ou seja, não opere agora do jeito que o mercado está. Espere outro momento. Só os experientes ganham em *trader* diário, no mercado de lado!

Caso você queira aprender a ser um *trader*, escolha outro momento e, depois que adquirir experiência, poderá operar com esse tipo de tendência de mercado.

COMO ENTENDER OS GRÁFICOS

Gráficos foram construídos inicialmente pelos matemáticos para fazer estudo de um todo qualquer. Com o advento da derivada e da integral, o gráfico tornou-se também um estudo da menor parte de um todo.

Gauss, cientista matemático, verificou, há muito tempo , que, para entender ou até prever um movimento aleatório qualquer, o melhor mé-

---

6 *Intraday* – operações com tempo gráfico menor do que o diário, por exemplo: gráficos de 5min, 15min, 30min...

32 ♦ Invista com Sucesso na Bolsa de Valores

todo utilizado seria o das médias móveis, onde estabeleceria uma média estudando resultados passados para chegar a uma possível visão futura.

Na maioria das análises gráfica, também chamadas de Análise Técnica (AT), os gráficos são formados a partir de médias, não tendo correlação direta com o estudo dos movimentos mínimos de mercado. Nas ferramentas mais utilizadas, seus cálculos <u>não</u> são feitos por derivações. Então, retirar movimentos mínimos de mercado, utilizando estes gráficos é muito difícil para o investidor, como eu e você. Um investidor experiente conseguirá, mas o ideal é que ele trabalhe com outro tipo de ferramenta e não apenas as médias.

Alguns matemáticos utilizam esses estudos com ferramentas poderosas fazendo este tipo de cálculo avançado e ganham muito com isso. O matemático Peter Simon ganha 3000 dólares por minuto, no seu fundo de *Hedge*, utilizando essas ferramentas, que não estão disponíveis a nós, pobres mortais.

Uma crítica severa a esse tipo de raciocínio das Médias Móveis de Gauss é o fato do estudo de média simples, não levar em consideração o fato de que os preços mais recentes influenciam mais no mercado, que os preços anteriores. Devido a isto, a média móvel simples não é a mais utilizada para os estudos dos gráficos de mercado. Utilizamos a Média Móvel Ponderada que nada mais é do que a apresentação de pesos maiores aos valores mais recentes de mercado, do que aos mais antigos.

Veja a fórmula para cinco períodos:

$$MMS = \frac{\sum pa \times 1 + \sum pb \times 2 + \sum pc \times 3 + \sum pd \times 4 + \sum pe \times 5}{15}$$

Onde:

Pa = Preço mais antigo

Pe = Preço mais recente

Observação: $\sum Pa, \sum Pb, \sum Pc, \sum Pd, \sum Pe$ são as somas dos preços. Onde o mais antigo é o (Pa) e o preço mais recente (Pe), nesta ordem.

Se você não entendeu a fórmula da Média Ponderada, não se preocupe, o computador fará esse cálculo por você. O que você deverá entender é o porquê de usar esse valor para estudos de compra a longo prazo. Repare na fórmula que a soma de todos os preços mais recentes($\sum Pe$) foram multiplicados por 5 e os mais antigos não. Quanto mais antigo menor a interferência no resultado final.

Vale ressaltar que alguns gráficos apresentados foram obtidos utilizando-se um *software* gratuito denominado Grafix. Este foi adotado no livro, pois o seu criador disponibilizou-o, via Internet. Baixe o arquivo no site http://www.grafix2.com/.

Utilizamos também Média Móvel Modificada (MMM) que nada mais é do que a Média Simples Matemática, mas com a pequena diferença e importância, pois a MMM leva em conta todos os dados da série.

Veja a fórmula:

$$MMM_t = MMM_{t-1} + \frac{1}{n} x(Fech_t - MMM_{t-1})$$

Onde:

MMM_t = Média Móvel Modificada no período t

MMM_{t-1} = Média Móvel Modificada no período anterior

$Fech_t$ = Fechamento no período.

n = Período Escolhido

Novamente, se você não entendeu a fórmula da Média Móvel Modificada, não se preocupe, o Grafix, ou qualquer outro software gráfico, fará tudo por você. O que você deverá entender é a importância de usar esse valor para estudos de compra e venda. Repare na fórmula que quanto maior o período (n) menor será a variação do resultado final e que as MMMs levam em conta o fechamento da série.

Veja nesse exemplo o gráfico **'diário'** da Petr4, ou seja, cada barra, que é conhecida como *candle,* representa um dia de mercado desta ação. A linha que passa por ela é a Media Móvel dos preços.

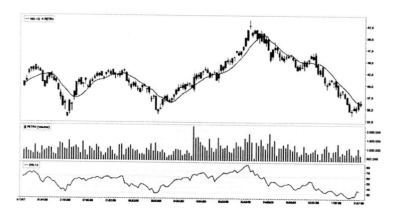

Note, na figura, que a linha contínua que passa próximo aos *candles* é a linha da Média Móvel (MM). O estudo da Média Móvel é muito simples, pois no momento em que os *candles* estão abaixo desta linha, a ação está em tendência de baixa e, no momento em que os *candles* estão acima da Média Móvel, o papel está com uma tendência de alta. No lado direito do gráfico são mostrados os preços, o volume operado e os valores do oscilador IFR. Na parte de baixo é mostrado o período da análise que está compreendida entre 3/12/07 a 31/07/08.

Nos gráficos, os valores mais à direita são os mais recentes. Verifique que, no último dia, o mercado ainda ficou indeciso. Nesta situação, o investidor de médio e longo prazo aguardará a definição do mercado.

Mas se o investidor for de curto prazo, poderá ter um ponto de compra, caso o mercado suba no dia seguinte.

Veja a seguir:

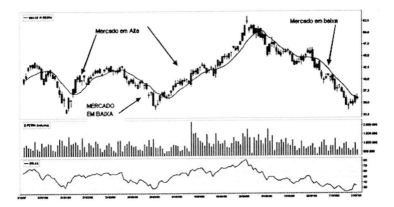

Observe que, no último *candle*, temos uma indefinição da tendência na ação. Para o investidor que opera no médio e no longo prazo, isso ajuda, pois no dia 30/07/08, o índice Bovespa subiu 3,3 %, depois de um longo período de queda. O investidor que não utilizar a análise gráfica poderá se empolgar e entrar no mercado. Fato que não é aconselhável, até a tendência ser definida.

Para garantir um melhor resultado, e de acordo com o seu perfil, o investidor poderá usar a Média Móvel Ponderada ou a Exponencial, além da configuração do período da média. Veja a seguir o uso da Media Móvel Exponencial (MME). Neste exemplo foi utilizada a média com nove períodos mas podem ser usados cinco ou 20 períodos com bons resultados. Para o investidor de curto prazo é aconselhável aproveitar essas altas e comprar e vender no mesmo dia. Ele não deverá manter-se "comprado", pois o mercado ainda não está definido.

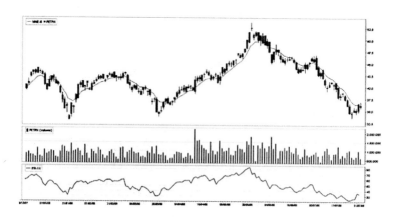

Lição do dia:

No estudo das médias você poderá utilizar um recurso ainda mais simples.

Quando a linha contínua cortar o *candle* de baixo para cima, COMPRE!

(A ação irá subir!)

Quando a linha contínua cortar o *candle* de cima para baixo, VENDA!

(A ação irá cair!)

Observe a figura seguinte :

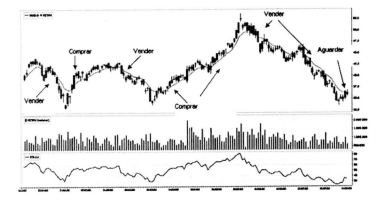

Na figura anterior, quando o *candle* é cortado de baixo para cima, define-se uma tendência de alta, sendo o momento de comprar; assim como quando o *candle* é cortado de cima para baixo, a definição é de uma tendência de baixa, sendo, nesse caso, momento de vender.

O "aguardar" não existe em Análise Técnica ou gráfica, é apenas uma dúvida em relação à tendência. Deve-se observar se realmente houve um corte inclinado ou é apenas um corte de lado no traçado das médias. Apenas para o investidor de curto prazo, essa dúvida poderá "gerar" uma chance de ganhos em período curtíssimo de tempo.

Para o investidor de médio e longo prazo, o traçado inclinado deverá ser visível para escolher que tipo de operação deverá ser feita. Vou repetir, pois é muito importante, se você for um investidor de médio prazo ou longo prazo, na dúvida, não faça nada!

No mercado, o gráfico é muito utilizado para o estudo, usando médias móveis, com nove ou cinco períodos.

Agora veja o que aconteceu ao analisar o gráfico naquele ponto de indecisão do dia 31/07/08, depois de três dias úteis: a tendência de baixa continuou e a ordem de compra na Petr4 foi desfeita

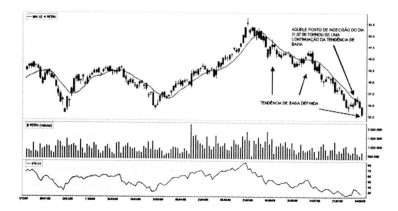

Novamente, repito, nesse caso, se o investimento for de longo prazo, não compre, evitando assim entrar nesses momentos e se o fizer compra-se ou vende-se gradativamente, isto é, aos poucos. Lembrando que na tendência de baixa o investidor deverá operar na venda.

CRUZAMENTO DE MÉDIAS MÓVEIS

O estudo dos encontros de médias móveis é outro assunto simples e interessante, pois o investidor, de posse da ferramenta gráfica, poderá fazer análises desse indicador. Esta técnica não fará você rico, mas vai colocá-lo em uma situação fabulosa de escolher um ponto bom de compra e venda para investimentos de médio e longo prazo.

Vale ressaltar que o mercado deve ter uma tendência definida.

A técnica do encontro de "MMs" baseia-se em comparar duas médias de períodos diferentes e verificar quando elas se cruzam. As médias mais utilizadas pelo mercado para esse tipo de comparação é a de 21 períodos e a de nove períodos, mas você poderá usar outras, se a resposta desse cruzamento for mais coerente com a ação que irá investir. Fique à vontade para escolher, mas você verá que na maioria dos casos a de 21, ou a de 9, será a melhor escolha.

Primeiramente, o investidor deverá criar as duas Médias do gráfico. Veja o exemplo usando um software *free*, de nome *grafix*, que poderá ser baixado no *site* citado na bibliografia com o mesmo nome do programa. Você também poderá usar outros gráficos em *sites* específicos, não precisando instalar nada, apenas navegar. Lembrando que, para investir como *trader* de curto e curtíssimo prazo, você deverá obter dados permanentemente atualizados. Neste caso, o usuário deverá comprar o serviço. Caso o usuário deseje apenas experimentar o uso desta ferramenta ou de qualquer outra, terá o inconveniente de seus dados serem atualizados apenas de 15 em 15 minutos. Como no mercado à vista, apenas invisto à médio prazo e longo prazo, este período de tempo não é importante, pois só verifico os cruzamentos de médias no final do dia e decido se irei investir na ação ou não.

Após baixar e instalar o programa no site: www.grafix2.com , execute-o na pasta:

Arquivos de programas/grafixjava.

Ou na pasta que escolheu para a instalação.

Atualize os dados Clicando no botão "atualize" . Veja a figura:

40 ♦ Invista com Sucesso na Bolsa de Valores

Você poderá escolher a base de dados gratuita do Yahoo.

Veja o exemplo de como criar uma média de nove períodos:

Escolher a opção: gráfico => Índice

No menu Configurar Índices, escolher na opção Novo Índice, a opção : MM- Média Móvel, conforme a figura a seguir:

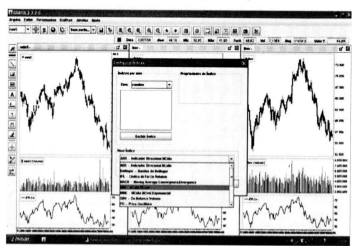

Após a escolha, clique no botão adicionar Índice ao eixo e escolha o período:

Após esses ajustes, você terá uma figura com *candles*, mas com uma linha fina passando ao seu redor. Essa é a linha da Média Móvel de nove períodos, ou qualquer outro período que você escolha.

Repita o mesmo procedimento para 21 períodos, adicionando o MM ao eixo e, finalmente, você terá esta figura final.

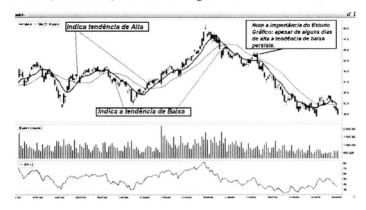

42 ♦ Invista com Sucesso na Bolsa de Valores

Repare na figura anterior que no momento em que a Média Móvel de nove períodos (mais escura) cruza de baixo para cima a Média Móvel de 21 períodos (mais clara), há uma indicação de alta de médio e longo prazo.

E justamente quando acontece ao contrário, ou seja, a média de nove períodos cruza de cima para baixo a média de 21 períodos, há uma indicação clara de tendência de baixa.

Se você é um investidor de longo prazo, deveria ter vendido na alta histórica da Bovespa e ir recomprando aos poucos quando baixar. Mas repare, no lado direito do gráfico, que não existe nenhuma indicação de alta pelo cruzamento de médias móveis, então a pergunta que se faz é:

– Por que comprar agora, se você pode comprar depois?

> **Lição do dia:**
>
> **Não existe necessidade alguma de o investidor de médio e longo prazo comprar um ativo se o gráfico demonstra que ele vai ficar mais barato (tendência de baixa). Aguarde e recompre depois com um preço mais vantajoso.**
>
> **O gráfico diminui a ansiedade de compra e venda ao ser analisado a longo prazo.**

Essas análises gráficas podem resultar em acertos, se utilizados os tempos gráficos corretos.

INDICATIVO FALSO

O cruzamento de médias móveis não é algo infalível. Algumas situações poderão ocorrer em que o indicativo, por si só, não será o suficiente. E, também, existirão outras vezes falhas no próprio indicador, ou seja, ele não funcionará.

Na próxima figura, você verá que a ação TNLP4, em sua análise pelo cruzamento de Médias Móveis de 9 e 21 períodos indicou alta, porém, nesse caso em especial, só o indicativo não é o suficiente, pois a ação possui uma resistência em 38,xx. Se o ativo não "vencer" esta resistência, de nada adiantará você comprar em 36,45, se ela não conseguir ultrapassar os 38,50. Sua compra serviria apenas como uma estratégia de curto prazo, mas, para isso, você deverá estar com uma corretora que lhe cobre um bom preço em corretagens.

Se o ativo "vencer" a resistência, está confirmada a tendência de alta pelo cruzamento de médias móveis.

Indicativo falso em Tnlp4 devido à resistência do ativo em subir mais que 38,xx.

Resistência e suporte

Na figura anterior observamos a "Resistência" que o ativo apresenta em ultrapassar a barreira de 38,xx. O conceito de "resistência" não foi descrito no livro até o momento, pois é um conceito simples e rápido de ser entendido.

Você irá notar que o que foi descrito sobre a figura é uma redundância: a resistência sempre será na subida e o suporte sempre será na descida.

A "Resistência" ocorre quando verificamos no gráfico que os preços não irão acima de um determinado valor. Quando conseguem subir, diz-se que houve um rompimento de resistência. Veja na figura anterior que, a curto prazo, a ação TNLP4 possui uma dificuldade em ultrapassar a faixa dos 38,xx. Existem resistências de curto, médio e longo prazo.

O "Suporte" ocorre quando verificamos no gráfico que os preços não poderão ir abaixo de um determinado valor. Quando conseguem descer, diz-se que houve um rompimento de suporte. Veja na próxima figura que, a longo prazo, a ação Petr4 possui uma dificuldade em ficar abaixo da faixa dos 29,xx. Existem suportes de curto, médio e longo prazo.

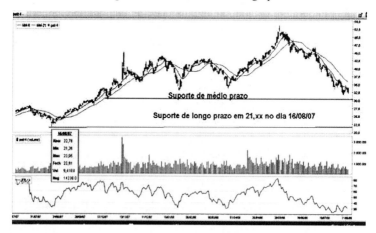

Análises de suportes de médio e longo prazo na ação da Petrobras PN.

Análise Técnica ou Gráfica ◆ 45

No *Bear Market*[7], em setembro de 2007, a ação da Petrobras (Petr4), estava caindo vertiginosamente. Os investidores estavam desesperados, pois todas as ações estavam caindo. Desde julho de 2007, estavam em tendência de baixa. Alguns investidores aguardaram bastante o processo de baixa, mas não suportaram e mudaram de ideia.

Eu postava nos *sites* de relacionamentos, tentando ajudar os investidores iniciantes, dizendo friamente que o mercado era assim mesmo, que era para aguardar que ele iria retornar ao ponto inicial da queda, mas muitos não suportaram. Eles se esqueceram da técnica que descrevi no primeiro livro – *Memórias de Um Operador de Home Broker*.

– Na crise, venda logo, se não vendeu, se demorou, não venda, aguarde!

Mas, eu sei que é difícil, e alguns venderam a Petr4 exatamente no pior ponto, ou seja, perto do suporte. Naquele momento, quando se definiu a tendência de baixa do Ibov, eu postei no *site* do Investidor Agressivo, pelo Orkut, que o Ibov provavelmente iria buscar os 48 mil pontos e, naquele dia, vários teclaram que se isso acontecesse, "eles iam vender a mãe".

Pois bem, após os 68000 pontos, desceu até os 48000, e lá encontrou aquele suporte gigantesco e subiu. Não mais desceu daquele jeito, por um tempo.

Está certo que eu não fui o único que citei que iria buscar tal patamar. Analistas de algumas corretoras declararam em entrevistas, que o Ibov poderia buscar esse patamar, porém, eles não podem afirmar com toda a certeza, pois podem assustar o mercado. Não seria prudente.

Estou declarando isso apenas para que você veja no gráfico o que aconteceu quando o Ibov encontrou o suporte de 48000, conforme eu tinha descrito. Entenda o conceito de suporte.

---

7   *Bear Market* – Mercado do Urso ou mercado em baixa.

Análise o gráfico do dia 09/09/08.

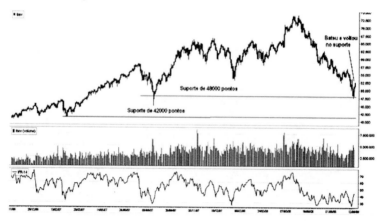

Você deve achar que eu fiquei empolgado, pois acertei um prognóstico desde o final de julho de 2008, mas, na verdade, não fiquei e nem poderia ficar.

O primeiro motivo é o fato de você não poder saber nada sobre o futuro no mercado, pois o mercado é imprevisível. Mas o segundo motivo era maior. Nos meus estudos recentes da Média Móvel, não havia nada indicando mudança da tendência de baixa. Então, o que nós devemos fazer nesse caso é aguardar a mudança da tendência de baixa para alta, ou seja, não fazer nenhuma compra, o que é muito chato, pois temos que ficar fora do mercado. Se você operar em uma corretora que permita vender sem ter o ativo, é aconselhável operar na "ponta vendedora", nesses casos.

Veja a análise das Médias Móveis(MM):

Análise Técnica ou Gráfica ◆ 47

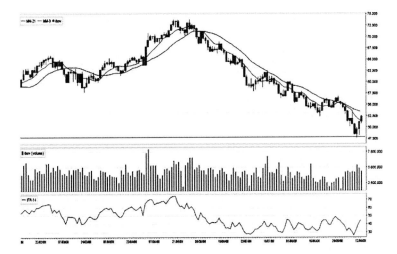

No exemplo anterior, ainda não houve nenhum indicativo de reversão por MMs e isso também ocorre na análise de curto prazo, através da observação dos *candles*. Sendo assim, para longo prazo, a tendência de baixa continua.

Vale ressaltar que também pode ser utilizado o cruzamento de três médias móveis. Neste caso utiliza-se uma média curta, uma intermediária e uma longa. Quando a curta cruza a intermediária para cima tem-se um alerta de compra e quando a intermediária cruza a longa para cima temos uma confirmação da compra. Na venda, o raciocínio é o mesmo, pois quando a curta cruza a intermediária para baixo, tem-se um alerta de venda e quando a intermediária cruza a longa para baixo temos uma confirmação de venda.

Para comprar no alerta são utilizados outros indicadores. Estes indicadores e osciladores servem para não perder uma parte da alta.

48 ♦ Invista com Sucesso na Bolsa de Valores

COMO USAR O MACD

Este é um dos indicadores mais criticados pelos investidores iniciantes em análise técnica. Esta crítica vem do mau uso do indicador, ou seja, o *trader* usa com um objetivo errado e depois o critica. Ele deve ser usado com o mercado sem tendência definida. Com ele pode-se verificar se o mercado terá ou não tendência.

Lição do dia:

Os osciladores possuem três funções básicas:

Alertar uma possível mudança na tendência do mercado.

Confirmar a sinalização dada por outro oscilador técnico.

Prever o movimento que o mercado poderá fazer caso não aconteça algo novo ou fortuito.

Inicialmente explicarei o que é o MACD (Leia-se: maquedí). Vamos demonstrar sua fórmula. Mas lembramos ao investidor que ele não precisa saber disto, pois o computador fará todos esses cálculos.

Caso o investidor não goste de matemática pule esta parte do texto e vá até o "uso do MACD":

O Move Average Convergence/Divergence (MACD) é a diferença de duas Médias Móveis Exponenciais. Para o cálculo do MACD, o mercado utiliza as médias de 12 e 26 períodos, para fazer a linha que é conhecida como "linha do MACD".

Linha do MACD

MACD = Mexp(12) – Mexp(26)

Onde:

MACD: Linha de sinal do MACD

Mexp(12) = Médias Exponenciais de 12 períodos.

Mexp(26) = Médias Exponenciais de 26 períodos.

Mais tarde, verificaremos uma técnica muito utilizada pelos investidores de curto prazo que é o cruzamento do MACD com sua "linha de sinal de nove períodos do MACD". O mercado utiliza para cálculo da linha de sinal a média exponencial de nove períodos.

Linha de sinal de nove períodos

Sinal = MExp(9) x MACD

Onde:

Sinal = Média Exponencial de nove períodos do MACD

Mexp(9) = Média Exponencial de nove períodos

MACD = Sinal do MACD (calculada como: Mexp(12)-Mexp(26), conforme demonstrado).

Uso do MACD

O melhor uso do MACD é fazer dele um indicativo de reversão da força vendedora ou da força compradora, através das chamadas: "divergência de baixa" e "divergência de alta". Elas ocorrem muito pouco no decorrer de um investimento de curto prazo, mas são muito interessantes para o investidor de longo prazo. Estas indicações quase não acontecem no curto prazo, pois, justamente, só ocorrem no longo prazo com mudanças de tendências.

Nesse caso, o MACD tem uma resposta mais rápida do que outros osciladores, pois ele mostra, bem antes, que existe uma mudança de comportamento no mercado. A função básica neste caso é alertar uma possível mudança do mercado.

Observe:

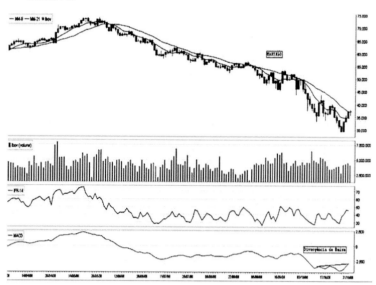

Note, na parte direita inferior da figura, que a divergência mostrada através da linha mais escura indica uma mudança de comportamento do mercado que não era possível definir através dos *candles* ou das Médias Móveis, ou mesmo através dos preços e /ou notícias. Porém, o MACD indicou algo que difere do comportamento anterior.

Mas, como toda Análise Técnica é passível de falhas, será mostrada, no mesmo gráfico, uma divergência de baixa que não se confirmou, dando um pequeno prejuízo ao investidor. Vale relembrar que o investidor deve ter uma contraestratégia quando é feito um *trader*. Sendo assim, ele deve usar sempre a ferramenta *Stop*, para evitar grandes prejuízos, caso a sua análise não esteja de acordo com a realidade.

Nesse caso, houve um fato novo que ocorreu no mercado, que foi a quebra de um grande banco americano. A Análise Técnica não prevê fatos novos ou de força maior, apenas analisa a tendência do mercado. Por isso alguns estudiosos do assunto gostariam de mudar seu nome para análise de tendências, pois evitaríamos uma série de discussões.

Veja no mesmo gráfico:

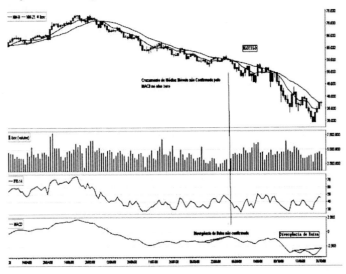

52 ◆ Invista com Sucesso na Bolsa de Valores

> **Lição do dia:**
>
> **Não use o MACD para curto prazo, a não ser que você tenha consciência de que ele é um oscilador que não foi feito para esse propósito e vai lhe dar uma resposta lenta ou dificilmente lhe será útil todos os dias. Caso você seja um investidor de curto prazo e mesmo assim queira usar o MACD, somente use com a linha de sinal de nove ou oito períodos.**

CONFIRMAÇÃO DE MÉDIAS MÓVEIS

Outro uso muito útil para o longo prazo, no MACD, é a confirmação do cruzamento de Médias Móveis indicando uma reversão de tendência. O MACD será usado para confirmar que as Médias Móveis realmente se cruzaram quando a curva do oscilador passou do eixo zero. Neste caso, seu uso confirma a sinalização dada por outro oscilador técnico.

Veja um exemplo na figura anterior, onde as MMs se tocaram; porém, através do MACD, verificamos que não houve essa confirmação, pois ele não estava próximo ao seu eixo zero.

Lembre-se de que o MACD tem uma resposta lenta nesse caso, pois é um confirmador da mudança de tendência e não um oscilador da possível mudança. Isto serve para o investidor que está querendo investir exatamente no momento de reversão de tendência, ou seja, está com seu dinheiro aplicado em renda fixa e quer colocá-lo na renda variável, mas não quer se arriscar. Este investidor observa o cruzamento de médias móveis acontecer, mas deseja confirmar se isso realmente está correto ou se apenas as médias chegaram próximas e nada mais.

Fazer essa análise, usando o MACD, é muito fácil. É só verificar o momento em que o MACD toca no eixo zero, de baixo para cima, indicando o melhor momento de compra, nesse caso, "compre", pois irá subir.

Caso o investidor esteja "comprado" em ações e viu uma tendência de baixa se confirmar no cruzamento de Médias Móveis, mas não deseja vender nesse momento a não ser que a tendência se confirme, então, ele aciona o oscilador MACD e verifica se está tocando ou passou do eixo zero de cima para baixo, indicando confirmação da tendência de baixa. Nesse caso, "venda", pois poderá cair.

Lição do dia:

-Quando o MACD indicar uma divergência de baixa, COMPRE, pois irá subir!

-Quando o MACD indicar uma divergência de alta, VENDA, pois irá cair!

Confirmação da mudança de tendência indicada pelas médias móveis.

O MACD no eixo zero de baixo para cima COMPRE, pois irá subir!

O MACD no eixo zero de cima para baixo, VENDA, pois irá cair!

Se você ainda não se convenceu da grande probabilidade de acerto da análise do MACD no eixo zero , repare na figura a seguir em que ele só toca no eixo zero quando realmente se confirmam os cruzamentos das Médias Móveis, e quando as Médias Móveis apenas se tocam, o MACD está muito longe do eixo zero.

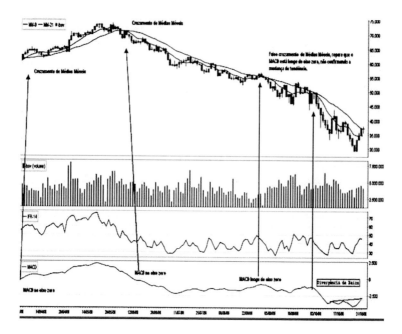

Nesse caso, em agosto de 2008, o MACD está longe do eixo zero, mas as Médias Móveis indicam que houve uma possível mudança. O investidor de longo prazo, que deseja comprar, não irá fazer nada, pois o MACD não está confirmando a reversão de tendência.

Repare, em outubro de 2008, que as Médias Móveis estão quase se tocando, porém novamente o MACD está longe do eixo zero, logo, o ideal para o investidor, com maior aversão ao risco, é aguardar a confirmação da mudança de tendência indicada pelo MACD.

O MACD E A LINHA DE SINAL DE NOVE OU OITO PERÍODOS.

Esta é a única ferramenta indicada para o investidor de curto prazo com o MACD. A função dessa análise é prever o movimento que o mercado poderá fazer caso não aconteça algo novo ou fortuito.

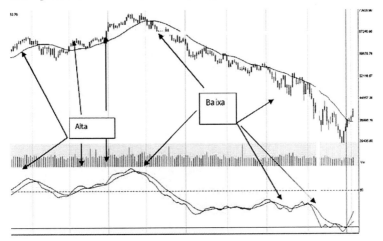

Neste caso é muito simples o seu uso. Quando o MACD (linha mais escura) está acima da linha de sinal (linha mais clara), a indicação é de alta para curto prazo, mas quando a linha mais escura (MACD) estiver abaixo da linha de sinal, a tendência será de baixa. Compare as linhas e verifique o quanto é correto seu funcionamento. Repare que na parte inferior direita da figura há indicação de alta no curto prazo, ou seja, o investidor de curto prazo deverá estar posicionado em relação a essa realidade.

O seu uso coincide com o uso das Médias Móveis, portanto é mais um oscilador para confirmar sua operação.

Não é correto interpretar os cruzamentos, apenas as linhas acima ou não.

Para que você observe a eficiência do MACD para o curto prazo usando a linha de sinal, veja uma análise de uma tendência de baixa e veja quantas oportunidades de *trades* curtos poderiam ser tiradas usando essa análise, veja, na próxima figura , quantas mudanças de curto prazo ocorreram.

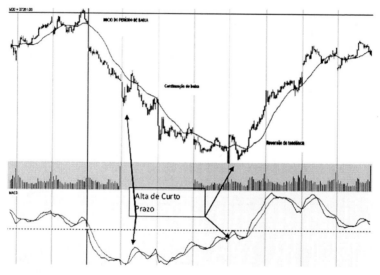

O uso do oscilador vai depender da escolha do investidor, da sua propensão ao risco e do que mais lhe agrada. Cabe ao investidor usar o oscilador que mais lhe convier, porém, é sempre indicado que ele escolha mais de um oscilador para se posicionar no mercado.

Como usar o **IFR**

O Índice de Força Relativa(IFR) é um oscilador muito importante, pois, como o próprio nome diz, ele indica como está a "força compradora" ou a "força vendedora", em um determinado momento do mercado.

Digamos que, por exemplo, o mercado esteja subindo alguns dias seguidos, tudo indica que vai continuar assim, se você olhar pelos números ou pelas notícias que são muito boas, mas, de repente, o mercado cai, e você se pergunta: por quê???.

Isto ocorreu porque as notícias eram boas, os números também, mas a tendência de compra estava se esgotando, ou seja, essa relação entre compradores e vendedores perdia a força, pois existiam menos compradores do que vendedores, fazendo com que o mercado se revertesse a curto prazo. Esta reversão, quando pequena e rápida, normalmente é conhecida como "realização de lucros".

Lembre-se sempre disto: as pessoas compram para vender depois; poucos compram para guardar; então, uma hora ou outra, haverá uma realização de lucros.

Neste exemplo, se você quisesse operar comprando (a favor da tendência), você não poderia comprar naquele exato momento, pois existia um esgotamento da tendência compradora.

Mas como descobrir quando isto irá ocorrer?

Você irá descobrir com o **IFR**. Ele não lhe indicará quando vai ocorrer tal mudança, mas irá mostrar **quando não se deve comprar ou quando não se deve vender**, pois está próximo do esgotamento do movimento.

Agora, digamos que, por exemplo, o mercado esteja descendo há alguns dias seguidos ou menos, tudo indica que vai continuar assim, se você olhar pelos números ou pelas notícias que são péssimas, mas, de repente, o mercado sobe, e você se pergunta: por quê??? Como?

58 ◆ Invista com Sucesso na Bolsa de Valores

Isto ocorreu porque a força vendedora estava se esgotando.

Este oscilador é importante, pois, neste exemplo, se você quisesse operar vendido (a favor da tendência de baixa), você não poderia vender naquele exato momento em que o IFR indicava no gráfico o esgotamento da tendência.

Lembre-se: neste livro, os exemplos são sempre reais, e postados em um *site* de relacionamentos, na Internet, antes que o mercado faça o movimento e não depois. Consulte a bibliografia do livro, caso queira visitar o *site*.

Em uma situação nova, eu estava "vendido" em uma pequena operação e já estava pensando em "rolar", retirando um pouco do que recebi para montar, pois o mercado subia sem parar na ação em que eu estava lançado. Meu lançamento foi na PetrD30, ou seja, estava vendido em 30 reais na Petrobras que já estava no preço, pois estava sendo cotada em 30,38. Se eu estivesse lançado coberto, tudo bem, mas não foi esse caso, pois eu estava lançado a descoberto, ou seja, não tinha a ação para vender.

Nesse exemplo, se a ação Petr4 chegasse no dia do vencimento a 31 reais, eu teria de comprar as ações a 31 reais e entregá-las a 30 reais (estava vendido na D30) ou compraria as opções de volta por um preço mais caro do que lancei. Em resumo, minha operação estava piorando a cada dia. Pensei em desfazer a operação, comprando a Petrd30, mais cara.

Porém, fiz análise no gráfico antes de fazer qualquer movimento, o que é extremamente aconselhável. E o IFR indicava que a força compradora estava se esgotando a curto prazo.

Observe na figura a seguir:

Análise Técnica ou Gráfica ♦ 59

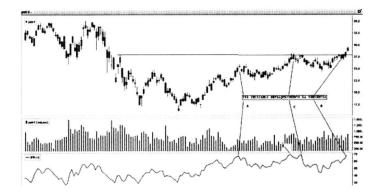

Note na figura que os pontos A, C e D indicam que existe um esgotamento da força compradora e que, comparando com o mercado, não se deve comprar neste momento, pois haverá uma realização.

Marquei o ponto B na figura, pois o IFR indicou esgotamento, mas o mercado não reagiu da mesma forma. O IFR não é infalível e o ponto B no exemplo mostra isso, porém este oscilador mostra mais acertos que erros. O que já é uma grande vantagem. Cabe ao operador agir rápido caso exista uma falha no indicativo.

O operador disciplinado não deve comprar nesses pontos do IFR, acima de 70 %.

Lembre-se: essa reversão é apenas de curto prazo, na de longo prazo é utilizada a Média Móvel.

Agora veja a seguir a análise do índice na tendência de baixa, indicando quando não se deve vender.

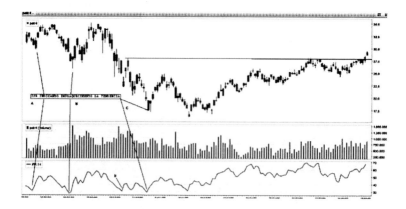

Note na figura que os pontos A, B e C indicam que existe um esgotamento da força vendedora (abaixo de 30%) e que, comparando com o mercado, não se deve vender neste momento, pois haverá uma mudança de tendência de curto prazo, pois se perde a força vendedora.

Marquei o ponto D na figura, pois o IFR indicou esgotamento, mas o mercado não reagiu da mesma forma. O IFR não é infalível, e o ponto D no exemplo mostra isso. Porém, este oscilador mostra mais acertos que erros, o que novamente é uma grande vantagem. Cabe ao operador agir rápido caso exista uma falha no oscilador.

O operador disciplinado não deve vender ou lançar opções nesses pontos do IFR, abaixo de 30 %.

Lembre-se: essa reversão é apenas de curto prazo. Para analisar reversão de longo prazo, são utilizadas as Médias Móveis.

Note que, teoricamente, o ponto D, deste exemplo, não está exatamente abaixo de 30% e o ponto B do outro exemplo não está exatamente acima dos 70%. Então, alguns analistas gráficos consideram estes pontos como falhos, mas, na prática, se você esperar realmente a passagem desses pontos, irá perder várias oportunidades de mercado.

Então, chegou perto dos 70%, não compre. Chegou próximo dos 30%, não venda, ou não lance opções.

Como no meu exemplo eu estava lançado e o mercado estava em alta, mas o IFR estava próximo dos 70%, eu aguardei um dia e nada aconteceu, a Petr4 subiu 4% mas fechou em -0,43%.

COMO ANALISAR OS GRÁFICOS PARA CURTO PRAZO

Verifiquei certo dia uma figura de um "martelo". Esta figura, para curtíssimo prazo, indica alta. Repetindo, para curtíssimo prazo somente.

Neste capítulo, iremos analisar as figuras conhecidas como *candles*. Descreverei como é feita uma análise de curto prazo, mas, antes, devo relembrar que os gráficos, que não foram construídos com cálculos de derivadas e integrais, não são eficientes para análise do menor pedaço. De qualquer forma, veja a figura seguir e, depois, analise o que aconteceu no dia posterior, ou seja, no dia 17/09/08.

62 ◆ Invista com Sucesso na Bolsa de Valores

A figura de um martelo no gráfico é muito perseguida pelos operadores de curto prazo, pois ela indica uma reversão de tendência.

Lição do dia:

No curto prazo:

Martelo = O mercado irá reverter a tendência anterior apenas para curto prazo.

Em toda análise podem ser cometidas falhas e a Análise Técnica não está isenta delas, pois ela é apenas uma ferramenta para ajudar a sua tomada de decisão. Na hora da compra e da venda, a decisão deverá ser sua, sempre.

Outro problema é a análise errada do gráfico. Vamos olhar mais de perto o gráfico da figura anterior. Você vai perceber que o martelo não existe no dia 16/09/08, pois no topo dele existe um traço bem pequeno, enquanto o martelo indicado no dia 08/07/08 é verdadeiro, ou seja, é correto. Note que nos dias 9, 10 e 11/07/08 houve alta. Já no caso do nosso martelo falso...

Análise Técnica ou Gráfica ♦ 63

O martelo deverá ter esta figura:

Também é conhecido como "homem enforcado", quando aparece no fim de uma alta longa.

Um martelo invertido também é indicação de reversão de curto prazo:

Um martelo falso na verdade é algo que se parece com um martelo, mas não é. Devemos sempre olhar mais de perto, para analisar os *candles* a curto prazo. Veja:

 Este pequeno traço, quase imperceptível, desfaz a figura do martelo, pois indica uma indecisão dos investidores. Se tal fato acontecer no martelo invertido, indicará também uma indecisão dos investidores e não deverá ser considerado.

Lembrando: o martelo indica reversão de tendência apenas de curtíssimo prazo.

DOJI

Outra figura importante de *candle* é o DOJI. Este *candle* indica um empate técnico entre a força compradora e a vendedora naquele patamar de preços. No dia seguinte a um DOJI vem normalmente um grande *candle* de alta, indicando uma tendência altista de curtíssimo prazo, ou vem acompanhado de um *candle* de baixa, indicando uma tendência baixista de curtíssimo prazo.

Se o *candle* seguinte não for expressivamente grande significa que a escolha de tendência foi adiada para o dia seguinte. Nesse caso, quem vai ganhar? A força compradora ou a vendedora?

Observe a figura:

É importante mostrar para o leitor o significado destas figuras, no curtíssimo prazo. O DOJI indica que os preços foram executados em um patamar muito estreito, ou seja, tanto teve procura na compra naquela faixa de preço naquele dia como também na venda. Isto significa que se o mercado subir forte no dia seguinte, houve um esgotamento da venda do dia anterior, e se o mercado descer forte, houve esgotamento da compra do dia anterior. Se fizermos uma análise com as Médias Móveis e o DOJI não haverá nenhuma coerência. Você irá notar que, na prática, o DOJI falhará às vezes, quando for usado para análise de tendências, não devendo, portanto, ser usado para esse fim.

A análise de *candles* é útil para o operador de curtíssimo prazo, ou seja, quem faz *daytrades*. Com o aparecimento do DOJI, ele ficará atento à abertura do dia seguinte e se abrir em alta sabe que provavelmente o mercado fechará em alta. O que o operador deverá fazer é comprar ações para vender antes do fechamento do dia e da mesma forma se o mercado abrir em baixa e assim se definir, venderá as ações e comprará estas de volta no fechamento, neste dia seguinte ao DOJI.

Usar o DOJI como análise de tendência de mercado é errado. Apenas é correto ver o DOJI como um alerta de que algo importante está acontecendo. O operador de curtíssimo prazo poderá usar o DOJI com sucesso, pois a probabilidade de acertos aumentará.

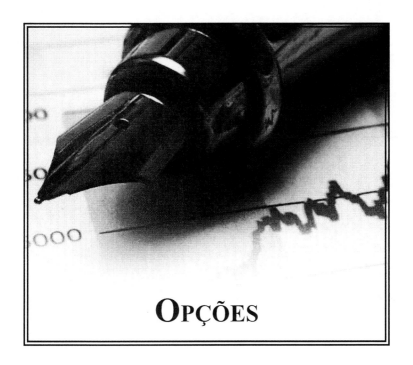

Opções

Opções ◆ 69

É muito importante saber que opções não são ações, elas têm tempo para acabar. Você compra uma ação e a mantém por anos, enquanto, com opções, não é possível fazer isto. A opção tem início e fim. Este final é chamado de vencimento. Após o vencimento, as opções ficam sem nenhum valor. Com as ações isto ocorre somente com a falência total da empresa em que se investiu.

OPÇÕES DE COMPRA (*CALL*)

Entenda a opção de compra como um recibo de direito. O comprador da opção de compra tem direito a comprar a ação, mas esse direito finda no seu vencimento.

Veja o exemplo.

Nome	Preço (prêmio)	Variação do dia	Preço de exercício	Data do vencimento
PETRJ52	R$3,70	+25,42%	R$52,00	15/10/2007
PETRJ54	R$2,50	+34,40%	R$54,00	15/10/2007
PETRJ56	R$1,55	+33,62%	R$56,00	15/10/2007
PETRJ58	R$0,90	+34,32%	R$58,00	15/10/2007
PETRJ60	R$0,54	+35,00%	R$60,00	15/10/2007
PETRJ62	R$0,23	+0,00%	R$62,00	15/10/2007
PETR4		R$53,90		

Temos, no exemplo, cinco colunas, onde:

Nome = nome como é chamada a opção

Preço (prêmio) = Valor de mercado da opção. Preço de compra ou venda da opção.

Data do vencimento = As opções série A (exemplo PetrA56) têm vencimento em janeiro, as B em fevereiro, as C em março e assim por diante, sempre na terceira segunda feira do mês, conforme tabela a seguir:

A	JANEIRO
B	FEVEREIRO
C	MARÇO
D	ABRIL
E	MAIO
F	JUNHO
G	JULHO
H	AGOSTO
I	SETEMBRO
J	OUTUBRO
K	NOVEMBRO
L	DEZEMBRO

A opção de compra é um direito de você comprar uma ação na data do vencimento pelo preço de exercício.

Preço de exercício = Preço de quanto pagaria por cada ação se você chegasse a ter a opção de compra na data de vencimento.

Considere a Petr4 cotada em R$ 53,90.

Na PetrJ52, você tem o direito de comprar a ação por R$52,00 até a data do vencimento.

O "prêmio" é o valor que você paga para ter esse direito, ou o preço que se recebe, dando esse direito (lançamento) ou repassando o direito (venda) que estava em suas mãos.

Olhando melhor a tabela mostrada você irá perceber que o preço de exercício da PetrJ54 estava próximo ao preço da ação Petr4 a R$53,90(abaixo da tabela), com uma diferença pequena e insignificante de 10 centavos.

A opção PETRJ54 é conhecida como (ATM), que significa "no preço" em inglês. Ela está valendo para compra ou para venda o prêmio de R$ 2,50. Se você tiver essa opção poderá vendê-la por esse preço, mas se você não tiver a opção, mas quiser comprá-la, terá de pagar esse preço no mercado. Assim como as ações, esses preços podem variar no mercado, porém a variação do preço da opção deriva da variação do preço da ação. Se a ação subir, o preço da opção sobe também, por isso ela é conhecida como "derivativo". Seu preço deriva da ação. Todo derivativo deriva de algo adjacente.

Opções ATM

As opções ATM são aquelas que têm o chamado "preço de exercício da ação" no mesmo preço da ação naquele momento. Então, a PetrJ54 é ATM, pois a ação está próxima de 54, ou seja, a Petr4 valia, naquele momento, R$ 53,90.

Opções OTM

A PetrJ56 tem o exercício em R$ 56,00 e a ação está mais barata (R$53,90). Naquele dia, o preço de exercício dessa opção está acima do preço da ação isto quer dizer que ela está (OTM), cuja tradução significa, fora do dinheiro. Se você comprar esta opção, estará apostando em uma alta, esperando que a ação Petr4 vá subir.

Se, por exemplo, a ação alcançar, nesse mesmo dia, o valor de R$ 56,00, o preço de compra e venda da opção chegará próximo a R$2,50.

A PetrJ56, ou qualquer da série J, irá vencer na terceira segunda-feira do mês de outubro. À medida que ela se aproxima do seu vencimento, vai perdendo seu valor de compra ou venda (prêmio). Essa variação é conhecida pela letra grega "Theta" e é muito falada em outros livros de opções.

O que é importante saber sobre o "Theta" das opções, é estar atento ao fato de que quanto mais ela se aproxima do vencimento mais perderá o seu valor de compra ou venda em relação à mesma situação, se estivesse com mais tempo para exercer.

Em outras palavras, se no dia anterior ao vencimento a ação (Petr4) chegasse ao valor do preço de exercício da PetrJ56, que é R$ 56,00, ela será considerada ATM, pois estará no preço da ação, mas estará valendo apenas alguns centavos e não R$ 2,50, como no exemplo da tabela da página anterior a PetrJ54 (ATM).

A proximidade do vencimento desvaloriza as opções. Não é um negócio de longo prazo e nem poderia, porque elas têm tempo para acabar.

Opções ITM

As opções ITM (dentro do dinheiro) são opções que estão com o preço de exercício abaixo da ação. No exemplo da tabela seria a PETRJ52.

Se você deseja obter mais informações teóricas sobre opções, consulte o Apêndice A.

Remuneração em carteira

Neste investimento, pode-se conseguir uma boa taxa ao mês de aumento na carteira, fora os rendimentos normais da bolsa.

Esta operação é considerada como "operação de taxa".

Primeiro, entenda:

Lição do dia:

Se você faz lançamentos terá que considerar as suas ações como "peças negociáveis".

Quando você tem um lote de 100 ações de uma determinada empresa, você pode "criar uma opção e colocá-la à venda". No termo técnico, significa **lançar a opção.**

Neste capítulo trataremos apenas de opção de compra que são conhecidas como *call.*

Apesar de já ter tratado o assunto sobre opções, explicarei melhor o detalhe "sobre como criar uma opção de compra". Quem "cria" uma opção de compra, na verdade está "lançando" esta opção. Um lançador de opções de compra deve ter total domínio sobre elas, por isso entrarei novamente no assunto.

O que é uma opção de compra?

Este exemplo é baseado no meu livro *Memórias de Um Operador de Home Broker.* É um exemplo do cotidiano:

Estou vendendo o meu carro por 33 mil reais. Um amigo meu quer comprar, mas só pode pagar no final do ano, então eu digo:

– Se você quer meu carro no final do ano, vai ter que pagar 34 mil reais!

Ele aceita a oferta.

Mas, eu quero uma garantia, então peço:

– Quinhentos reais para segurar a venda até dezembro!

74 ♦ Invista com Sucesso na Bolsa de Valores

Ele aceita e me paga quinhentos reais.

Nesse caso, eu não posso vender o carro para ninguém até o final do ano, e quando chegar a data, ele ainda poderá desistir da compra.

Agora, compare com a bolsa de valores:

Preço do carro = preço da ação hoje

Preço do carro no mês determinado = preço de "exercício" da opção

Garantia da venda = preço da opção de compra (o quanto se paga para tê-la, conhecida no mercado como prêmio)

Exemplo de lançamento de opções na bolsa de valores:

No mês de junho, tenho 100 ações da Vale do Rio Doce (Vale5). Cada ação custa R$ 30,00, então tenho R$ 3000,00 (três mil reais) investidos na Vale do Rio Doce.

Resolvo criar uma opção de compra para ser exercida no mês seguinte, ou seja, no mês de julho. O preço que eu estipulo para compra das minhas 100 ações da Vale5 é o preço de exercício de R$ 32,00 para cada ação. Você quer que paguem R$ 130,00 nesta opção (garantia do exemplo anterior).

Então você irá lançar:

Opção	Preço	Lote
ValeG32	1,30	100

Onde,

G = Vencimento no mês de julho (A=janeiro, B=fevereiro e assim por diante...)

32=Preço de exercício da opção. O quanto a pessoa me pagará para ter a Vale5, se ela tiver essa opção de compra que você lançou. Ela terá que pagar R$ 130,00 como garantia.

Nesse caso, você está acreditando que a pessoa que comprou sua opção não irá comprar suas 100 Vale5 a R$32,00, pois, segundo seus estudos, a ação Vale5 estará na época com o preço mais baixo no próprio mercado.

Está apostando na baixa.

a) Se ele desistir de comprar a Vale5 em julho, (não exercer), você ganha os R$130,00.

R$ 3000,00 e ganhou R$ 130,00, lucro de 4,33 % e você continua com as ações da Vale5.

Retirando a corretagem e emolumentos, 4,0% ao mês, dependendo da corretora.

Vale ressaltar que se o mercado cair o investidor poderá ter prejuízo financeiro, isto é, ele pode aumentar o número de ações, mas o valor da sua carteira fica abaixo dos R$ 3000,00.

b) Se ele comprar suas ações (exercer) a R$ 32,00, você também ganha os R$ 130,00 e também o lucro da venda da própria ação. Como no exemplo estava a R$30,00 em junho e você vendeu a R$ 32,00 em julho, você lucrou:

76 ♦ Invista com Sucesso na Bolsa de Valores

R$ 3200,00

R$ 3000,00

—————————————

R$ 200,00 (Lucro na venda das Ações)

+ R$ 130,00 (Lucro na venda da Opção)

—————————————

R$ 330,00 (Trezentos e trinta reais)

Como você investiu no exemplo R$ 3000,00 e lucrou R$ 330,00, você teve um lucro de 11% ao mês. E isso é muito bom. Note que no caso anterior você ainda continua com a ação e não precisa recomprá-la ao preço superior, ou esperar que a ação Vale5 diminua seu preço.

Porém, neste caso, há necessidade de comprar, pois você precisa da ação de volta para poder lançar coberto novamente.

Lição do dia

Se você não quiser ser exercido, não faça lançamentos!

COMO AUMENTAR AS AÇÕES E REMUNERAR A CARTEIRA A LONGO PRAZO

Nesta técnica você é um investidor que não está preocupado com o valor financeiro imediato, pois seu investimento é a longo prazo.

Você apenas está pensando em aumentar suas ações e não está preocupado com o financeiro de curto prazo.

Esta técnica serve para o investidor que acumula ações como forma de patrimônio. Quando há uma queda, ele espera cair mais um pouco e compra mais ações com todo o dinheiro que ganhou com lançamento durante alguns meses e assim acumula mais ações diminuindo seu preço médio e aumentando sua carteira.

Veja um exemplo real:

Compra de 100Vale5 por 30 reais.

Lançamento de ValeG30 a 1,60.

Recebimento de 160 reais no lançamento.

O mercado caiu e a Vale5 foi para 26,00. A opção "micou".

Compra de mais seis ações com os R$160,00 recebidos.

Fiquei com 106 ações e não mais 100 ações, e meu preço médio caiu para 29,80.

Você irá fazer um novo lançamento, mas agora na série H (série seguinte), com preço de exercício de R$30,00.

Com este procedimento, retira-se um pouco mais de dinheiro do mercado e compram-se mais ações, devido ao fato de o mercado estar em baixa.

Com o tempo, sua carteira vai aumentar em quantidade de ações e quando o mercado inverter a tendência, você terá mais ações para lançar e seu preço médio estará menor. Quando você alcançar mais 100 ações, serão, então, dois lotes de opções que poderá lançar, duplicando seu lucro mensal.

COMO DESBLOQUEAR AS AÇÕES E EVITAR O EXERCÍCIO

Para desbloquear as ações, você deverá comprar uma opção igual a que você vendeu. Espere a opção baixar e recompre. Tenho amigos que não desbloqueiam, lançam a opção muito OTM e aguardam o vencimento. Eles a esperam "micar", ou seja, esperam ela perder valor. Recuperam as ações, não sendo exercidas as opções, até o dia do vencimento. Como lançaram muito OTM, ninguém vai querer exercer, então suas ações são liberadas novamente.

ROLAGEM (SITUAÇÃO REAL)

Esta é a técnica que uso bastante.

Para explicá-la vou citar uma operação real que postei numa comunidade na Internet.

Comprei 200 Vale5 a 29,86.

Lancei 200 Valeg30 a 1,45.

Recebi de *"prêmio"* 290 reais para montar e investi 5972 reais.

Se for exercido a 30 reais, terei um lucro de 290 reais, o que equivale a 4,85 % a. m. do capital investido e receberei 6 mil de volta pelo investimento.

Observação: O termo "lançar" significa vender uma opção que você "criou". O lançador tem a obrigação de entregar a ação lançada. Só deixará de ter essa obrigação se comprar de volta a opção que lançou. Alguns autores tratam lançamento com a palavra "venda".

Então, repetindo, lancei 200 ValeG30 a 1,45, então vendi 200 opções de 1,45. Recebi:

200 x 1,45 = 290.

O que você recebe é chamado de prêmio.

Após alguns dias desfiz a operação e comprei as 200 ValeG30 de volta 0,20 (situação real).

Recebi 290(lançamento).

Gastei 200 x 0,20 = 40 reais.

Lucro de 290 – 40 = 250 reais.

Então meu lucro final foi de 240 reais (descontadas as corretagens), que equivale a 4% naquele mês.

Agora lanço novamente na série seguinte (H):

ValeH30 a 0,88 (situação real), recebendo 172 reais que equivalem a 2,84% a.m. até o dia do seu vencimento.

Note que, no exemplo real, ganhei em um mês 4% e no outro ganhei 2,84%, mesmo sendo exercido no dia 17/08/09, que foi o dia de vencimento da série H no ano de 2009.

É pouco, mas é bem melhor que a poupança. Esta técnica se chama rolagem na série seguinte.

Explicando:

O que eu fiz foi comprar a minha opção lançada (ValeG30), desbloqueando minhas ações e lançando outra logo em seguida na série seguinte.

-200 VALEG30

Comprei 200 ValeG30 a 0,20

Lancei 200 ValeH30 a 0,88

Você pode evitar o exercício sempre, comprando a opção lançada e lançando a de mesmo *strike*[8] na série seguinte. Obtendo possivelmente mais taxa por este mês. Fica a seu critério ser exercido ou não.

PONTO DE EQUILÍBRIO

O investidor poderá entrar em uma operação de venda coberta com um objetivo de curto prazo, ou seja, ele não quer manter de forma alguma a ação consigo por mais de um mês. Se houver esta possibilidade, o investidor de curto prazo prefere assumir pequenos prejuízos a ficar com essa ação parada. O que ele deverá fazer nesse caso é ter um "pon-

---

8   *Strike* – Preço de exercício da opção.

to de equilíbrio", que é o ponto máximo que ele, como investidor de curto prazo, irá suportar antes de assumir prejuízos.

O investidor de curto prazo tem esse perfil e sabe que prejuízos fazem parte do processo de investimento e também está ciente que nunca poderá deixar seus recursos de curto prazo para longo prazo. Esse ponto de equilíbrio também é conhecido no mercado como *breakeven point*.

Como calcular o **breakeven point**?

PE = PA – PRE

Onde:

PE = Ponto de equilíbrio

PA= Preço da ação

PR= Prêmio (Valor recebido no lançamento da Opção)

Preço da ação – Conhecido como *prêmio* do lançamento

Exemplo:

Você comprou 100 ações da Vale5 por 30 reais.

Lançou a opção ValeG30 a 1,50.

Então, gastou 3000 reais e ganhou 150, seu gasto então foi:

3000-150 = R$ 2850,00.

Nesse caso, o seu ponto de equilíbrio na ação é:

2850 / 100 ações = R$ 28,50.

Ou seja, se a ação Vale5 do exemplo cair abaixo desse valor (28,50), você estará no "prejuízo financeiro".

Você, como investidor de longo prazo, irá suportar uma queda de sua ação comprada a 30 reais até 28 reais e 50 centavos. Caso sua ação atinja esse preço, você, enquanto investidor de curto prazo, deverá zerar a operação, assumindo o prejuízo.

Como zerar a operação:

Compra a ValeG30 a um preço baixo e vende a ação.

Prejuízo = valor pago na opção + corretagens.

Exemplo de como desfazer uma operação:

Lembro que, a primeira vez que fiz um lançamento, fiquei preocupado de não conseguir desfazer a operação. Não entendia o processo, já que, na minha imaginação da época, eu não poderia comprar a mesma opção que lancei. Por isso estou escrevendo posteriormente um exemplo real para que você, leitor, não tenha a mesma dúvida.

Lancei e vendi 100 ValeH30

Fiquei:

- 100 Vale H30

Recebi imediatamente o prêmio por isso.

Minha obrigação é entregar as 100 Vale5 até a data do vencimento a 30 reais.

Mas...

Se em um determinado tempo qualquer, eu comprar 100 ValeH30 por qualquer valor, eu "zero a operação"

Vou ficar:

82 ♦ Invista com Sucesso na Bolsa de Valores

- 100 Vale H30

+ 100 ValeH30

Ou seja, zero, uma paga a outra.

Quem quiser comprar a ação por 30 reais (exercer a opção lançada), vai comprar, mas de outro investidor que está vendido na ValeH30, do exemplo. O mercado automaticamente entende que não estou devendo mais nada. Eu "não fico vendido" e minha ações são "liberadas".

Para quem não entendeu como pode funcionar o mecanismo da "zerar uma operação de venda de opções", veja no exemplo, a seguir, uma operação parecida no dia a dia de um vendedor de automóveis.

Exemplo:

Eu quero vender o carro zero km a 28 mil reais e uma pessoa, que chamarei de Marcos, quer comprar nesse mesmo preço. Mas ele não tem o dinheiro agora...

Então eu digo ao Marcos:

– Me paga 500 reais que eu "guardo" o preço pra você.

Brincando um pouco com você, caro leitor, eu chamaria de "opção carrozeroh28k"

Eu recebi 500 reais (prêmio).

Só que, sendo um comerciante astuto, bem perto da época de entregar o carro, uns três dias antes, por exemplo, combinei com um amigo da agência para segurar o preço pra mim e paguei a ele 50 reais. Ambos ficam satisfeitos...

No momento que o Marcos for realmente comprar o meu carro por 28 mil, é entregue a ele o carro do meu amigo da agência...carro zero

28 mil reais...

Eu ganhei nessa transação:

500 (prêmio) - 50 (o que paguei ao meu amigo da agência).

Total: 450 reais de lucro.

E continuo com o automóvel.

VENDA COBERTA (OPERAÇÕES REAIS)

Em meados de 2008, o mercado de renda variável mudou novamente a tendência de alta para baixa. Essa mudança foi tão agressiva que o mercado passou de *Bull* para *Bear* em poucos dias.

O mercado é considerado *Bear* quando o índice de preços das ações cotadas em bolsa, no nosso caso, o Ibovespa, cai mais que 20% do seu topo histórico. É importante perceber em que tipo de tendência o mercado está, pois você irá mudar sua técnica de compra e venda do ativo que está operando.

Se você for um investidor de longo prazo e o mercado saiu da tendência de longo prazo, você deverá esperar muito mais para comprar, ou seja, não pode sair comprando achando que "está barato", pois, mesmo que esteja, o preço irá cair mais, devido à tendência em que ele se encontra.

Se você for um investidor de curto prazo, e está comprando, saiba que está trabalhando contra a tendência do mercado, o que não é aconselhável para esse tipo de investimento. O que você deverá fazer é ficar líquido o mais rápido possível. Ou seja, trabalhe com ponto de equilíbrio entre a compra do ativo e o quanto você pode perder e coloque o *Stop* bem curto.

Em todos os casos, é muito interessante "ficar vendido" nas suas ações, pois isso lhe dará a chance de tirar dinheiro do mercado para comprar mais ações. Ficar vendido coberto, não o salvará do prejuízo financeiro de um mercado em tendência de baixa, mas o deixará com mais ações no esgotamento dessa tendência. Então, você estará no mercado com muito mais ações do que comprou.

Lição do dia:

Não opere contra a tendência de mercado.

A não ser que vá operar vendido, evite comprar em tendência de baixa. Se vai baixar mais, por que comprar agora?

Lembre-se: compre aos poucos

Existem investidores que só compram ações e não operam no *Home Broker* e apenas investem pensando na aposentadoria. Esse investidor para de comprar ações na queda, o que na maioria das vezes é aconselhável, porém ele deixa de acumular mais ações na queda.

Tenho um amigo que fazia esse tipo de investimento e assim que soube que lancei um livro sobre o mercado de ações tratou de me contar o que estava fazendo e perguntar o que estava errado. Ele possuía 5 mil ações da Petr4 e 5 mil ações da Vale5. As ações da Petr4 foram compradas a um preço médio de R$ 40,00 e, em tendência de baixa, já estavam a R$ 19,00. A atitude dele foi parar de comprar mais ações e ficou intrigado com o mercado, porém, para minha grata surpresa, estava querendo comprar mais ações. Nesse caso, caro leitor, a operação "ficar vendido coberto", conhecida tecnicamente como "venda coberta", retiraria do mercado um retorno em dinheiro interessante ao investidor, que poderia ser usado ou não na compra de mais ações.

Opções ◆ 85

> **Lição do dia:**
>
> Venda coberta não o salvará de prejuízos financeiros na tendência de baixa, apenas fará com que você tenha mais ações do que antes, esperando a reversão da tendência.
>
> É aconselhável para o investidor de longo prazo que não quer realizar prejuízos, pois sua meta é para depois do fato que originou a mudança de tendência. O operador com perfil de curto prazo, com bastante experiência, também poderá operar.
>
> Opere vendido em tendência de baixa.

É importante lembrar que não é aconselhável fazer a operação de venda coberta na carteira toda. No exemplo do meu amigo, eu ajudei. O que fiz foi, primeiramente, indicar, para ele, o quanto ia operar. Orientei a operar apenas a metade das ações que tinha em carteira, o que já é muito.

> **Atenção:**
>
> 1- Operar vendido coberto não remunera o financeiro nas baixas, apenas aumenta a sua quantidade de ações.
>
> 2- Operar vendido coberto não é ficar líquido.
>
> 3 - Você continua com os direitos a dividendos.

No exemplo de meu amigo, ele lançou a PetrL22, então quem comprar sua opção terá o direito de comprar sua ação a R$22,00 até a data do vencimento (15/12).

Para ter esse direito, quem comprou dele pagou 1,36 por cada ação, ou seja, totalizando 136 reais por lote de 100 ações.

Como ele lançou metade do que ele tinha de Petrobras, então foi vendida 2500 PetrL22. Totalizando:

2500 x 1,36 = R$ 3400,00 (três mil e quatrocentos reais).

Veja mais um exemplo de como é feita uma venda coberta:

MÉTODO

Compre o lote de ações da Petr4 ou Vale5, de preferência, mas pode ser outra qualquer, porém irá perder na liquidez das vendas da opção lançadas. Por enquanto as mais líquidas são essas, mas já foi diferente, por muito tempo quem liderava era a TNLP4.

Compre 100 Petr4 a 20,32

Lance 100 Petrl22 a 1,36

- Nesse caso, você gastou 100 x 20,32 na compra da Petr4 = total de R$ 2032,00.

- Ao lançar a Petrl22, você "cria" uma opção de compra Petrl22, no meu exemplo, para vender a 1,36.

- Caso alguém compre sua opção, você irá receber, no dia seguinte, R$ 136,00.

- Suas ações ficarão bloqueadas até o dia 15/12, ou seja, você está vendido[9].

---

9   Ficar vendido" significa que você comprou um lote de ações e logo em seguida lançou uma opção com um valor de *Strike* qualquer. A frase "ficar vendido" é muito utilizada quando você lança a opção de compra *call*. Os autores separam o conceito em "ficar vendido coberto"= quando se tem a ações que vendeu e "ficar vendido a descoberto" = quando não tem a ação, mas lançou mesmo assim. Existem corretoras que deixam você operar a descoberto, neste caso, suas ações não ficam bloqueadas no lançamento.

SITUAÇÕES DO MERCADO:

Todos nós sabemos que o mercado só poderá fazer três movimentos: subir, descer e ficar de lado. Seguindo essa linha de raciocínio, vamos analisar os procedimentos que o investidor fará com esses três movimentos.

MERCADO SUBIU...

Sua situação era:

Comprado em Petr4 a 20,32

Vendido na Petr4 a 22 reais(Petr122)

Como o mercado subiu e a Petr4 foi para 25 reais, você será exercido a 22 no dia 15/12.Seu lucro foi de:

Comprou - 2032

Vendeu +2200

Ganhou + 136 no lançamento da opção

Lucrou:

2200 + 136 - 2032 = 304,00

No exemplo, lucrou 304 reais, porém devemos pagar o imposto devido no outro mês, então temos:

304,00 - 15%IR de 304,00 =

304,00 – 45,60 =

R$ 258, 40

=R$ 258,40 , descontando as corretagens...

Nesse caso usarei o que eu pago, mas isso vai variar de corretora para corretora.

= R$238,40

Se você investiu 2032 e lucrou 238, então, nesse caso, seu lucro foi de 11,7%.

Observação: Use o lucro das opções, recomprando mais ações, conforme foi descrito no capítulo "Remuneração em carteira".

NOTA: Os cálculos de impostos podem variar. No exemplo, se só operou ações com menos de 20 mil reais, você estará isento de pagar imposto do exercício em ações. Mas as operações com opções não serão isentas. Consulte o capítulo sobre impostos, lembrando que as alíquotas e as isenções mudam conforme a política monetária nacional. Consulte sempre a legislação vigente. Atualmente as operações com opções têm alíquota de 15%.

MERCADO DE LADO...

Sua situação era:

Comprado em Petr4 a 20,32

Vendido na Petr4 a 22 reais(Petrl22)

Como o mercado ficou estagnado e a Petr4 ficou em 21 reais, você "não" será exercido a 22 reais no dia 15/12.

Opções ♦ 89

Comprou - 2032.

Não vendeu a 22. Ganhou + 136 no lançamento da opção

Lucrou:

136 - 15%IR de 136 =

136 - 20,40 =

=R$ 115,60, descontando as corretagens.(As corretagens podem variar.)

= R$100,00

Se você investiu R$ 2032,00 e lucrou mais ou menos R$ 100,00 então, nesse caso, seu lucro foi de 4,9%.

Lembrando novamente:

Use lucro das opções recomprando mais ações.

MERCADO CAINDO...

Essa é a pior situação para o vendido coberto, pois o financeiro reduz, porém você usa os lucros das opções para aumentar sua carteira de ações. Quando o mercado reverter, você estará com muito mais ações do que antes.

Sua situação era:

Comprado em Petr4 a 20,32

Vendido na Petr4 a 22 reais(Petrl22)

Como o mercado caiu e a Petr4 foi para 18 reais, você "não" será exercido a 22 no dia 15/12.

90 ♦ Invista com Sucesso na Bolsa de Valores

Seu lucro foi:

Comprou - 2032

Não vendeu a 22

Ganhou + 136 no lançamento da opção

Lucrou

136 - 15%IR de 136 =

=R$ 115,40 , descontando as corretagens...

= R$100,00

Se você investiu R$2032,00 e lucrou R$100,00 então, nesse caso, seu "lucro" foi de 4,9%.

Porém, seu lucro se esvaiu, pois sua ação agora está a 18, ou seja, seu financeiro é:

1800 + 100 = 1900,

Um prejuízo financeiro de -6,5% em relação ao capital investido inicialmente (R$ 2032,00). Mas você pegará os valores recebidos na operação (no exemplo são 100 reais) e comprará mais quatro ações da Petr4 a 18 reais, e você agora estará com 104 Petr4 em vez das 100 Petr4 anteriores.

Assim, quando o mercado reverter, você estará sempre com mais ações que antes. E poderá fazer o lançamento novamente, no vencimento da opção. Pois suas ações ficarão liberadas já que não foram exercidas.

Lembrando mais uma vez:

Sempre use o lucro das opções recomprando mais ações.

Opções ◆ 91

ZERAR A POSIÇÃO (DESFAZER A OPERAÇÃO)

Quando você lançar e o mercado cair, conforme exemplificação anterior, você poderá destravar suas ações para serem lançadas novamente. Como?É simples: no exemplo, você lançou a Petrl22 a 1,36, e recebeu 136 reais para montá-la e hoje ela está 0,71.

Você compra uma opção Petrl22 a 0,71 e, nesse caso, suas ações estarão destravadas para você novamente as lançar.

Seu lucro foi:

Comprou Petr4 a 2032

Lançou e vendeu a Petrl22 a 1,36

Recomprou a Petrl22 a 0,71

136 - 71 = 65 - 15% IR = 65 – 9,75 = 55,25 reais

R$ 55,25 é 2,71% de R$ 2032,00 e suas ações estão livres para serem lançadas de novo.

Use esse dinheiro do prêmio recebido e compre mais duas ações da Petr4 e, agora, você terá 102 ações e não mais cem. Por isso este método é bom para acumular mais ações sem precisar colocar mais dinheiro no mercado. Mas note que o seu financeiro diminuiu, pois, agora, você tem:

Como a Petr4 estava cotada a 19,20, então seu lote de 100 ações custava R$1920,00.

1920 + 55,25 =1975,25 e gastou 2032 para montar

Um prejuízo de 2,79%. Mas, agora, seu preço médio da Petr4 está em 19,75, não mais 20,32, acima de 19,80 você provavelmente já estaria no lucro (se não considerarmos a corretagem, não tenho como colocar esse valor aqui, pois varia de corretora para corretora).

92 ♦ Invista com Sucesso na Bolsa de Valores

Mas lembre-se: só terá prejuízo financeiro se você vender as ações. Evite transformar prejuízos correntes em financeiros. **Note que esse tipo de investimento é ideal para o meu amigo, ou para você, caso não queira se desfazer das ações e, ao mesmo tempo, deseja comprar mais, sem colocar mais dinheiro na aplicação.** O meu amigo pensa assim, pois sua visão é de longo prazo e, se a sua visão for também, aproveite, faça sua ação render mensalmente um capital, não a deixe parada.

LANÇAR NOVAMENTE...

Caso o mercado reverta, ou seja, dê um repique, assim que você desfez a operação comprando mais barato, como no exemplo, a opção a 0,71 que lancei a 1,36. Então, você tem, agora, a chance de lançar as opções de novo, pois as ações estão livres para serem vendidas.

Exemplo de uma operação:

Lanço a Petrl22 a 0,86 e espero ela ser vendida.

Por enquanto, ela está a 0,80, vou aguardar e ver o que acontece...

Passaram-se 14 minutos e postei uma mensagem aos amigos, que estavam me acompanhando, no *site* de relacionamentos citado na bibliografia.

LANCEI E VENDI A OPÇÃO A 0,86 NOVAMENTE

Conseguir vender no repique.

Então, lucrei:

86 - 71 = 15

menos a corretagem, 10 reais

10 - 20% IR = 10 -2 = 8

então agora tenho de lucro na operação...

55,25(da primeira operação) + 8 da segunda = 63,25 reais

Como investi R$ 2032,00, tenho agora 3,11%, mas continuo no prejuízo financeiro. Porém, poderei comprar mais uma Petr4, pois tinham sobrado alguns reais da outra compra. Então agora fiquei com 103 Petr4 sendo que 100 estão colocadas à venda por 22 reais (lançadas).Lembre-se: ao invés de lançar novamente como eu fiz, você pode optar por vender a Petr4 a um valor um pouco acima de 20,xx pois você já tinha retirado 2,55% do mercado. Fica a seu critério e objetivo.

Se seu objetivo é acumular ações, não venda e continue lançando (longo prazo). Se seu objetivo é ganhar a taxa agora, venda acima de 20,xx (curto prazo).

Nota dos autores: Alguns cálculos do IR estão em 20%, porém, em derivativos, o imposto é de 15% sobre o lucro, a não ser que seja feita a operação no mesmo dia, conhecida como *daytrade*, nesse caso, seria 20%.O autor escolheu 20% para mostrar a situação de lucro real com pagamento na pior hipótese de imposto pois fez um *daytrade* nesse caso. Veja capítulo referente a imposto e tire suas dúvidas.

Travas com opções

Uma das críticas aos lançadores de opções cobertas é o fato de eles ficarem de fora altas fortes. Este fato pode ser contornado utilizando-se travas. Se o lançador quiser, poderá continuar lançando suas ações e

94 ◆ Invista com Sucesso na Bolsa de Valores

ficará sempre com elas nas altas fortes, para isso ele deverá fazer travas e pagar apenas uma pequena diferença para ter as ações de volta. Neste capítulo abordarei operações concretas que farão com que você, como lançador, continue participando do mercado, mesmo nas altas fortes, lançando suas ações em forma de opções, mas com travas. Se o mercado subir forte, você deverá desembolsar apenas uma parte do financeiro e não o valor todo.

TRAVAS DE BAIXA COBERTA

Fazer travas de baixa coberta com opções é fazer com que seus lançamentos cobertos não o deixem de fora de lucros em uma alta forte. Seria mais correto dizer "trava para baixa", mas infelizmente o mercado não reconhece esse termo, então, o leitor deverá entender que as "travas de baixa" são as travas para serem usadas no mercado em baixa.

O procedimento consiste em você lançar uma opção de compra e comprar uma opção de compra no *strike* seguinte mais barata. Isto o protegerá de uma reversão, ou seja, se o mercado reverter a tendência de baixa e ir para alta forte, fazendo com que suas ações fiquem muito mais caras para recompra. Por isso, esta trava é também conhecida como "reversão", pois protege você contra possíveis reversões .

Veja um exemplo real:

Fiz uma pequena mudança em meus planos...

Lancei 1000 opções de Valeb28 a 2,10 (coberto)

Comprei 1000 opções de Valeb30 a 0,89

Total recebido no lançamento: 2100,00 - 2,90(corretagens e emolumentos)=2097,10

Total gasto na trava de baixa(reversão):890,00 + 2,90 = 892,90

Recebi para montar esta operação:

2097,10

- 892,90

R$ 1204,20 (Mil duzentos e quatro reais e vinte centavos)

Este dinheiro cai na conta de liquidação no dia seguinte (D+1) e não em (D+3) como é o que acontece na venda de ações.

Risco: Note que posso ser exercido na B28, recebendo R$ 28000,00 pelas minhas ações, mas se o mercado subir forte, tenho como comprar as ações de volta por 30 reais, gastarei R$ 30000,00 para recomprar as ações, pois tenho a B30 em meu poder, assim terei um prejuízo máximo de:

2000 + 30 de corretagens -1204,20(valor recebido na montagem) =825,80

Recebi 1204 reais, mas tenho o risco de, se for exercido, perder 825,80 para recomprar as ações de volta a 30 reais, pois tenho a valeb30 que me dá o direito de comprar a Vale5 a 30 reais até a data do vencimento.

Se for exercido, perderei R$ 2030,00, mas, como recebi R$ 1204,20 , meu prejuízo máximo é 825,80.

Esta análise foi feita no pior dos casos, pois como você deverá usar essa trava no mercado em baixa, dificilmente será exercido.

O operador também poderá usar a trava de baixa para um mercado em alta, porém deverá lançar opções muito OTM.

Outro uso da trava de baixa é quando o investidor quer lançar a opção, mas a ação está próxima da resistência. Você, como um bom

96 ♦ Invista com Sucesso na Bolsa de Valores

operador, sabe que a ação pode bater na resistência e cair de preço, mas, se ela romper a resistência, irá disparar, então o mais correto é aguardar essa definição e não lançar. Mas se mesmo assim você deseja lançar a opção, o mais correto é usar a trava de baixa e limitar seu risco.

> **Lição do dia:**
>
> **Não lance sem travas em cima da resistência da ação e nem na resistência do Ibov.**
>
> **Trava de baixa deverá ser usada para mercado em baixa (verifique as médias móveis) ou para se proteger da reversão.**

TRAVAS DE ALTA COBERTA

Fazer travas de alta coberta com opções é fazer com que seus lançamentos cobertos não o deixem de fora dos lucros em uma alta forte, quando o mercado está claramente em alta. Seria mais correto dizer "trava para alta", mas infelizmente o mercado não reconhece esse termo, então o leitor deverá se acostumar com a seguinte interpretação: as "travas de alta" são as travas para serem usadas no mercado em alta.

Consiste em você lançar uma opção de compra de *strike* qualquer e comprar uma opção de compra no *strike* abaixo a este e, consequentemente, com valor de compra maior (prêmio maior), ou seja, mais cara.

Como você está pagando mais caro na opção de *strike* inferior, então você normalmente deverá pôr dinheiro para montá-la, por isso esta trava também é conhecida como "financiamento".

Esta trava vai protegê-lo de uma alta forte, ou seja, se o mercado continuar na tendência de alta e ir para uma alta forte, fazendo com que suas ações fiquem muito mais caras para recompra.

É muito difícil usar esta trava. Porém, se você é um investidor astuto, poderá montá-la muitas vezes sem pagar muito, aproveitando a oscilação do mercado. Normalmente é usada quando o investidor quer comprar uma opção a seco, mas não quer pagar muito por ela, então usa sua ação para ajudar na compra[10].

Exemplo:

Tenho 100 Petr4 a 30 reais.

Quero comprar a 100 PetrG32 a 0,70, pois acho que o mercado vai subir e vou vendê-la bem mais cara.

Lanço a 100 PetrG34 a 0,32 recebendo 32 reais por esse lote.

Compro as 100 PetrG32 a 0,70 gastando 70 reais.

70 – 32 = 48 reais de gasto e não 70 reais.

Porém, este tipo de operação vai limitar seu lucro se o mercado subir forte, pois você irá exercer a G32, mas será exercido na G34, ou seja, vão comprar suas ações por R$ 3400,00 e você recomprará por R$ 3200,00.

Lucro:

3400 – 3200 – 48 = R$ 152,00

Outro exemplo real de um financiamento no lucro:

100 Petr4 a 32,00

Lancei a 100 G32 a 1,60

Mercado caiu forte, ao invés de eu comprar a G32 a 0,20 e "zerar minha posição vendida" com lucro, verifiquei que a G28 estava a 0,90, então comprei a G28.

---

10 Leia o próximo capítulo que trata de operações com opções a seco.

98 ♦ Invista com Sucesso na Bolsa de Valores

Minha posição ficou:

+100 G28.

- 100 G32 (dois *strikes* acima)

Montei essa operação com a intenção de ganhar se o mercado revertesse totalmente. Infelizmente isso não aconteceu. A ação PN da Petrobras não chegou a 32 reais e minha opção vendida "micou".

O valor da petr4 caiu e oscilou ficando em 30,10 próximo do vencimento. Então não fui exercido, mas consegui vender a G28 com lucro pelo preço de 2,10. Que é a diferença entre 28 e 30,10.

Meu lucro na operação:

160(lançamento G32)–90(compra da G28) + 210(venda da G28) = R$280,00

Lucrei 280 reais, que equivalem a 8,75% do capital investido que foi de R$ 3200,00 .

Porém, este cálculo não é de um "lucro financeiro" pois o lote custou R$ 3200,00 e a cotação deste lote estava em R$ 3100,00, ou seja:

3100 – 3200 + 280 = 90 .

90 Reais de lucro real que equivalem a 2,81 % do capital investido (reveja o capítulo sobre "ponto de equilíbrio")

Na verdade, se fosse exercido, meu lucro seria bem maior:

3200-2800 + 160 = 560 reais que equivale a 17,5% do capital investido.

Opções ♦ 99

OPERAÇÕES COM OPÇÕES A SECO

Este capítulo é dedicado a todos os especuladores que utilizam o sistema *Home Broker*. Para aqueles pequenos investidores que têm pouco capital e sonham em algum dia "alavancar" o seu patrimônio de uma hora para outra. Saiba que isto é muito difícil, mas não impossível. Para isso será necessário que você opere com pouco capital, pois só assim, na ocorrência de perdas, você não será afetado emocionalmente. Você deve estar atento a isso, pois conheço várias pessoas que tiveram problemas sérios com esse tipo de operação.

Quando você perde em um *trader*, você é afetado emocional e psicologicamente. Caso não tenha esse problema, você é o investidor ideal para esse processo de investimento. Retorne aos primeiros capítulos e verifique se seu perfil é de curto prazo. Ao se convencer de que você tem esse perfil, fique à vontade para operar essa técnica, porém aconselho a leitura de minhas memórias, *Memórias de Um Operador de Home Broker*, para você saber exatamente onde está se metendo.

Você fará parte de um "processo de *alavancagem* de seu patrimônio". Porém, se você não precisa disso, então esqueça estas operações, pois em opções a seco você pode perder tudo o que investir (especular).

A partir de agora, falarei de algumas técnicas. É imprescindível que você leia com atenção todos os critérios necessários para se ter sucesso nestas operações.

TÉCNICA 1: "BILHETE"

Conhecida como "**bilhetão**": (Um STRIKE acima do preço)

Esta técnica consiste em você comprar um valor pequeno de opções pouco OTM.

Observações antes de operar "bilhete":

100 ◆ Invista com Sucesso na Bolsa de Valores

-Só pode ser usada na última semana antes do vencimento da opção, de preferência a três dias ou menos.

-Bilhetes são explosivos, tanto pode superar o lucro como virar pó em um dia.

Encare um bilhete como um jogo, nada mais.

- Compre a opção abaixo da média do dia.

- O mercado tem que estar em tendência de alta a curto prazo. Verifique as Médias Móveis.

- Opere pequeno (máximo 1% de toda a carteira)

-Opere um bilhete apenas uma vez a cada mês, no máximo, muito próximo do vencimento.

-Faça as perguntas:

Você suporta perder todo dinheiro investido?

Vale a pena "investir" Y reais para ganhar xxxx reais ou perder tudo?

Exemplo Real:

Como a Petr4 está 27,05, a mais recomendada é a B28, porém fui na B30.

Comprei 1000 petrB30 a 0,07 (neste dia comprei na mínima, dei sorte.)

Compra 1000 petrB30 => 0,07 reais +2,70 =72,70

objetivo= 0,90.x 1000 -18,00(corretagem) = 882,00

O bilhete, por ser de valor muito pequeno, só pode ser usado em condições interessantes como a de hoje, com o Ibov no suporte, e pode ser aguardado mais tempo para realizar o lucro. Note que a opção já

Opções ◆ 101

subiu para 0,23 e não realizei lucro, o que é aconselhável fazer em operações a seco, pois atingiu +30%. Porém como é bilhete, não venda até o objetivo ser alcançado, se for alcançado.

Por que 1000 opções?

Não existe regra, pode ser qualquer valor, mas tem que ser um valor financeiro que você suporte perder, nada mais.

Faça as perguntas pessoais antes de operar, seu objetivo deve ser definido e suas perdas devem ser suportáveis. Seja frio.

No exemplo real, fiz as seguintes indagações:

Acho que vou especular uns 70 reais. Posso perder isso?

Se perder 70 reais é muito para você, então compre menos.

Meu objetivo nesse *trader* era ganhar uns 800 reais.

Se ganhar 882 reais menos 70 reais é pouco para você, então invista mais.

Encontre um equilíbrio, entre quanto você pode perder e quanto você quer ganhar. Vai depender do seu emocional.

CONFIRMAÇÃO DE ORDEM DE COMPRA

Cód. Bovespa:	. ... / . 6
Opção:	PETROBRAS PN
Código:	PETRB30
Mercado:	Opção
Quantidade à vista:	1.000
Preço à vista:	R$ 0,07
Valor Financeiro Estimado:	R$ 70,00
Corretagem Estimada:	R$ 2,70

Fonte: www.itautrade.com.br (minha carteira).

102 ◆ Invista com Sucesso na Bolsa de Valores

Como havia descrito, a operação explodiu, ou seja, a Petrobras disparou e minha opção foi para 0,15 no fechamento do dia.

Fonte: www.itautrade.com.br.

No dia seguinte, a opção abriu em alta R$ 0,28. Normalmente, no entendimento do investidor inexperiente, a estratégia seria aguardar o objetivo, porém, nesse caso, é aconselhável vender a metade das opções, realizando o lucro rapidamente.

Veja:

500 a 0,28 centavos e tinha comprado 1000 a 0,07

500 x 0,28 = 140 - 2,70 - 2,70 - 70,00 = 64,60 de lucro!!!!!

Ou seja, 92% de lucro na operação do bilhete.

E ainda estou com 500 opções para vender, se aumentar mais ainda.

Observações finais:

Opere pouco nesse tipo de operação, você tem que se permitir perder mais de cinco vezes em um ano. A operação pode pagar mais de nove vezes o que você investe.

Em operações com opções a seco o aconselhável é colocar como meta apenas 30%, porém, quando ocorre na técnica do bilhete, você tem que arriscar mais, pois o bilhete é explosivo, tanto para lucro como para prejuízo, ou seja, se variar, vai variar demais, como foi o caso que citei.

No final desse dia, vendi 200 opções a 0,32, obtendo mais lucros. Todas essas operações estão na comunidade de relacionamentos, postadas em tempo real. Consulte a bibliografia.

TÉCNICA 2: "OPERANDO O PÓ"

Do pó vieste ao pó voltarás...

(Eclesiastes 3:20).

Esta é a segunda técnica com opções a seco:

Esta técnica também não é aconselhável para investidores menos experientes.

É a operação a seco mais discriminada e a mais atacada pelos usuários de Internet.

Consiste em você "comprar" um valor pequeno de opções bem OTM (dois ou três *strikes*), mas de série acima, "a um centavo ou dois" e na maioria das vezes longe do vencimento, senão seria considerado um "bilhete".

Observações antes de operar opções a seco no pó:

-Só pode ser usada no mínimo de 10 dias antes do vencimento da opção, de preferência há 30 dias ou mais.

-Evite ficar com opções a seco por muito tempo.

Considere opções a seco como especulação e não como investimento.

-Se ela já estava a 1 centavo há muito tempo, esqueça-a.

Só opere em dia de alta do mercado, a não ser que você opere descoberto.

O mercado tem que estar em tendência de alta a curto prazo. Verifique as Médias Móveis.

-Opere com pouco capital.

-Opere somente o que pode suportar perder.

-Faça as perguntas:

Você suporta perder todo dinheiro investido?

Vale a pena "investir" Y reais para ganhar X reais ou perder tudo?

Conheço uma pessoa que está devendo 30 mil reais (devia 80 mil) por causa do "pó das opções", ficou devendo colégio das crianças etc. Considere-se avisado.

Já ganhei algum dinheiro com essas altas. Mas não acontece sempre, evite a ganância ou devolverá tudo para o mercado e até um pouco mais.

Opções ◆ 105

TÉCNICA 3: INVESTINDO O PÓ COM DINHEIRO DO MERCADO

"Levanta o pobre do pó e do monturo levanta o necessitado."

(Salmos 113:7)

Consiste em você lançar uma Opção (coberta com ações ou não), para pagar as Opções de baixo valor(pó).

Nesta técnica você retira de 20% a 30% do seu prêmio (que recebeu para montar a operação (*spread*), para se proteger das altas fortes.

Quando você desfizer, poderá retirar a ordem de venda das opções de baixíssimo valor e guardá-las para uma possível alta forte do mercado.

Esta técnica consiste "em encher de pó", mas usando o próprio mercado para isso. As Opções de baixíssimo valor(pó) servirão como proteção de alta forte e também poderá ter um lucro significativo, mesmo sem ações, caso consiga desfazer a operação e manter o pó.

Objetivo: "Alavancar" muito, caso haja uma volatilidade ou uma superalta.

Tempo do exercício: 12 a 40 dias

VEJA UM EXEMPLO SEM ESTAR COBERTO COM AÇÕES:

Monte uma trava de baixa e, com o dinheiro do prêmio, compre 20% em pó.

Petr4 - Estava cotada a R$ 26,24.

Monte uma trava de baixa de 1000 opções.

106 ♦ Invista com Sucesso na Bolsa de Valores

Veja o exemplo com uma trava de baixa OTM:

PetrC28 - R$ 1,10
PetrC30 - R$ 0,50
_____

R$ 0,60 => R$ 600,00 (1000 Opções)

No exemplo, você recebe 600 Reais para montar a trava de baixa. Você utiliza uma parte desse "premio" e compra uma quantidade de opções muito OTM a 1 centavo ou no máximo 2 centavos. Comprando 20000 PetrC40:

PetrC40-→ R$ 0,01 = R$ 200,00 (gastou 200 Reais)

R$ 600,00 – R$200,00 = R$ 400,00

Potencial Negativo = R$ 2000,00 – R$ 400,00 = (R$ 1600,00)

Muitos não entendem esse tipo de operação. Quem monta essas operações sem a experiência adequada fica esperando uma alta superforte, por muito tempo, para vender as opções. Esperam que elas se transformem do pó em um valor surreal.

Na verdade, quando você monta essa operação sem nenhuma ação, você está comprando volatilidade. Ou seja, você quer ganhar com a volatilidade do mercado. Aproveitar uma oscilação do mercado para retirar mais dele.

Note que esta operação é apenas uma compra a seco de opção muito OTM. Com uma pequena diferença. Você vai usar o dinheiro do mercado para isso.

Lembrando sempre que a trava de baixa é para ser usada com o mercado em baixa. Porém com essa "poeira" toda, ela poderá dar lucro em uma reversão forte.

Opções ◆ 107

É uma especulação, lembre-se disso. Toda especulação em bolsa necessita de maior acompanhamento do mercado.

Veja de novo o exemplo, mas dessa vez, ATM (com o *strike* da opção no preço da ação):

Petr4 - Estava cotada a R$ 26,24

Monta uma trava de baixa ATM de 1000 opções.

Lançou a Petrc26 -   R$ 2,10

Comprou a Petrc28 - R$ 1,10.

R$ 1,00   (como são mil opções = 1000,00)

Recebeu mil reais para montar. Você irá comprar a seco 20 mil opções a 0,01, gastando R$200,00.

Comprando 20.000

Petrc40 - R$ 0,01 = R$ 200,00

⇨   R$ 1.000,00 - R$ 200,00

⇨   = recebeu R$800,00 para montar a trava com pó.

Potencial negativo = R$ 2.000 - R$ 800,00 = -(R$ 1200,00)

Você pode perder 2000 Reais e recebeu 800 Reais por isso. Prejuízo máximo: 1200 Reais.

Agora sua situação é:

Comprado em 20 mil Petrc40   => +20K Petrc40

Vendido em 1 mil Petrc26   => - 1K Petrc26

Comprado em 1 mil PetrC28 (sua trava)   => +1K Petrc28

108 ♦ Invista com Sucesso na Bolsa de Valores

Recebeu 800 reais para montar. Apostando na baixa e depois uma alta (acredita que mercado está volátil).

COMO OPERAR NAS TRÊS SITUAÇÕES DE MERCADO:

MERCADO CAINDO

Se o mercado cair, você tentará desfazer a trava com um lucro qualquer e continuar com o pó esperando uma volatilidade do mercado até o vencimento.

Ou seja, no exemplo, você tem que comprar a Petrc26. Para fazer isso, você pode vender a Petrc28 e utilizar os 800 reais que recebeu de prêmio.

Após desfazer a venda da Petrc28, você estará montado no pó e não pagou nada por isso.

Note que você só obterá lucro se, alguns dias após, o mercado subir forte. Por isso, isto é considerada uma venda de alta, com uma compra de volatilidade.

MERCADO SUBINDO

SE O MERCADO SUBIR QUANDO VOCÊ AINDA ESTIVER COM A TRAVA MONTADA, ELE ESTÁ CONTRA VOCÊ. Nesse caso você deve vender a Petrc40 o mais rápido possível. Você também deverá desfazer a operação de trava, tentando usar a volatilidade momentânea do mercado.

Lembre-se: em uma alta forte a opção que você comprou a 0,01 poderá ir imediatamente para 0,02, ou seja, 100% de variação. Aproveite isso.

Desfaça sua trava rapidamente. Usando o lucro do pó. Pois se você está travado ainda e o mercado subiu, ele está contra você.

MERCADO CONTINUOU VOLÁTIL

Você acredita que o mercado está de lado. Então você irá aproveitar apenas a oscilação natural de uma opção.

Tentará vender o pó, aproveitando essa oscilação, pois ainda acredita que a ação não irá subir. E você acredita que não será exercido na trava ou conseguirá desfazer a operação no lucro.

Note que, se você vender:

Petrc40 - R$ 0,02 = irá receber R$400,00

Petrc40 - R$ 0,03 = irá receber R$ 600,00

Petrc40 - R$ 0,04 = irá receber R$ 800,00

Petrc40 - R$ 0,05 = irá receber R$ 1000,00

Petrc40 - R$ 0,06 = irá receber R$ 1200,00 *

Petrc40 - R$ 0,07 = R$ 1400,00*

Petrc40 - R$ 0,08 = R$ 1600,00*

Petrc40--------- Acima desse nível você estará bastante alavancado em compra.

Coloquei este asterisco, pois desses pontos em diante, você não terá mais prejuízo na operação. O seu prejuízo máximo era de 1200 reais no exemplo. Estabeleça o ponto de equilíbrio antes e não depois.

————————————————x————————————————

Demonstrei a operação do pó sem ações.

Porém, a operação funciona muito bem quando você faz lançamento coberto (com ações) e travado.

É a mesma operação citada, porém coberta, ou seja, com ações. O lançamento deverá estar no preço médio da compra da ação ou maior, ou seja, se for exercido será no lucro.

Em troca de você poder perder um pouco em uma alta moderada, você poderá obter lucros astronômicos em uma alta forte.

ESTRATÉGIA:

Você acredita que o mercado irá subir forte ou que é apenas volatilidade, então, monta a operação. Ou está com as ações e não pretende "stopar" nessa volatilidade:

Tempo do exercício: 12 a 40 dias

EXEMPLO COBERTO COM AÇÕES:

"Monte uma trava de baixa OTM"(aconselhável OTM). Com o dinheiro do prêmio, compre no mínimo 20% em Opções de baixíssimo valor (muito OTM).

Petr4 – Compre mil Petr4 a R$ 26,24.

Veja um exemplo real montando uma trava de baixa OTM coberta com mil ações:

-Petrc28 - R$ 1,10

+Petrc30 - R$ 0,50 --

R$ 0,60

Opções ◆ 111

Como são mil opções cobertas = 600,00

Comprando 20.000

Petrc40 - R$ 0,01 = R$ 200,00

Temos, então:

⇨   R$ 600,00 - R$ 200,00 = R$ 400,00

Potencial negativo[11] = R$ 2.000 - R$ 400,00 = -(R$ 1600,00)

Como a estratégia é coberta com ações é aconselhável usar ponto de equilíbrio, reveja o capítulo que trata desse assunto.

Agora sua posição em carteira é:

Comprado em 1 mil Petr4

Comprado em 20 mil Petrc40

Vendido em 1 mil Petrc28

Comprado em 1 mil PetrC30 (sua trava)

Recebeu 400 reais para montar. Apostando em uma alta ou em uma volatilidade.

Novamente eu insisto: quem monta essas operações, sem a experiência adequada, fica esperando uma alta superforte, por muito tempo, para vender as opções que eram pó, por um valor surreal.

Na verdade, quando monta esta operação "coberta", travada e com pó, você também está comprando volatilidade. Ou seja, você quer ga-

---

11 *Este potencial negativo é apenas teórico, pois você está coberto com ações.*

112 ◆ Invista com Sucesso na Bolsa de Valores

nhar com a volatilidade do mercado. Aproveitar uma oscilação do mercado para retirar mais dele. Procure fazer essa operação coberta em um dia de alta forte.

Note que esta operação é apenas uma compra a seco de opção muito OTM. Com uma pequena diferença. Você vai usar o dinheiro do mercado para isso.

Lembrando novamente: a trava de baixa é para ser usada com o mercado em baixa. Porém, com essa "poeira", ela poderá "alavancar" seu capital em uma reversão forte. É uma especulação, não é uma operação tradicional, lembre-se disso.

Por isso é aconselhável montar esta operação coberta quando você está apostando na alta forte. Você tem as ações, seu preço médio está excelente, mas você não tem mais capital para operar a seco. Nesse caso você irá usar suas ações para pagar o pó.

Toda especulação em bolsa necessita de maior acompanhamento do mercado.

Situações de mercado que poderão ocorrer

Mercado caindo e você coberto com ações:

Se após montar a operação, o mercado cair, você tentará desfazer a operação usando o ponto de equilíbrio. Porém seu *stop* ficou mais curto.

No exemplo da queda, você tem 400 reais de variação no ponto de equilíbrio (não levando em consideração a corretagem).

Como você gastou 26240, seu ponto de equilíbrio será:

26240- 400 = 25840

Ou seja, seu *stop loss* na ação estará em 25,84 (reveja capítulo, ponto de equilíbrio).

Porém terá o prejuízo potencial da trava montada. Deverá usar seu dinheiro para desfazer.

Caso não queira vender suas ações nem na queda suave, pois seu *stop* está bem abaixo, esta operação é ideal para você. Pois se o mercado cair, você não será exercido. Continuando com suas ações normalmente.

MERCADO SUBINDO E VOCÊ COBERTO COM AÇÕES:

Ao contrário da operação sem ações, se o mercado subir, quando você ainda estiver com a trava montada, ele ainda estará a seu favor. Pois você está coberto e travado. Nesse caso, você deve vender a Petrc40 sem nenhuma pressa.

Lembre-se: em uma alta forte a opção que você comprou a R$ 0,01 tenderá a ir para R$ 0,02, ou seja, 100% de variação. Aproveite isso e realize lucros, vendendo aos poucos, pois você está coberto com ações.

O MERCADO CONTINUOU VOLÁTIL E VOCÊ COBERTO COM AÇÕES:

Através do gráfico, você percebe que o mercado está de lado. Então, você irá aproveitar apenas a oscilação natural de uma opção.

Tentará vender a opção, aproveitando essa oscilação, mas ainda acredita que a ação não irá subir muito ou vai ficar oscilando. Nesse

114 ◆ Invista com Sucesso na Bolsa de Valores

caso, você acredita que não será exercido na trava ou conseguirá desfazer a operação no lucro.

Tente fazer dinheiro com o pó na operação coberta. Vendendo aos poucos realizando lucro, sempre.

DÚVIDAS FREQÜENTES DESSA OPERAÇÃO:

1-Se eu estou coberto com ações, por que eu travei a venda com uma opção acima?

- Você trava a operação porque você acredita em alta forte, não quer ficar fora dela e quer comprar opções a seco no pó. Mas não quer usar seu dinheiro para isso.

2-Por que é bom operar coberto?

- Operando coberto você poderá montar essas operações mais vezes. Quando estiver acreditando na alta.

3- Por que não comprar a seco simplesmente?

- Na maioria das vezes, se você é um operador astuto, quando houver uma alta forte, você estará muito comprado. Não tendo capital para especular. Com esta operação, você tira dinheiro do mercado e pode ganhar mais na alta forte.

TÉCNICA 4: *SWING TRADE* AGRESSIVO

Esta técnica consiste em comprar as opções a seco e ficar com elas no máximo 90 minutos. Seu objetivo deverá ser lucro de 10%, até 30% no máximo. Se não alcançar e atingir o tempo máximo, venda.

Venda mesmo no prejuízo

Esta técnica também não é aconselhável para investidores menos experientes, pois exige muita disciplina e controle emocional para suportar uma possível alta do papel, logo após a venda. A única técnica que conheço em que você ganha nas opções a seco através dos tempos é aquela em que o investidor segue a sua estratégia fria e fielmente.

Observações antes de operar opções a seco em *swing trade* agressivo:

-Só pode ser usada com opções entre oito dias do vencimento da opção até 30 dias(entre oito e 30 dias).

-Evite ficar com opções a seco, nesta técnica, por mais que os 30 minutos. Caso queira optar por até 90 minutos, isto deve ser definido antes da compra e não depois. Eu uso 30 minutos, mais do que isso não funcionou, através dos tempos.

-Considere opções a seco como especulação e não como investimento.

-Tente comprar a opção abaixo da média ou na média do dia.

-"Nunca compre na máxima do dia."

-Só opere em dia de alta do mercado. Só opere na baixa se estiver a descoberto, invertendo o processo, ou seja, vendendo e, depois, comprando.

-O mercado tem que estar em tendência de alta a curto prazo. Verifique as médias móveis.

-Opere com pouco capital (aconselhável usar no máximo 6% da carteira toda).

116 ♦ Invista com Sucesso na Bolsa de Valores

- Procure uma corretora que cobre por volume financeiro e não por ordem, ou cobre barato por ordem executada.

-Opere somente o que pode suportar.

-Pode usar *stops* entre 20% a 30%, mas normalmente eles não funcionam. Coloque os *stops*, mas sempre tente fazer "stop mental", ou seja, atingiu o prejuízo máximo, venda. Seja disciplinado.

Lembre-se de que você está "stopado" no tempo.

Exemplo: 30 minutos venda!

-Faça as perguntas:

Você suporta perder todo o dinheiro investido?

Vale a pena "investir" Y reais para ganhar xxxx reais ou perder tudo?

Exemplo: *Stop* no tempo

Os exemplos a seguir são fictícios.

O exemplo em tempo real, explicarei mais adiante.

Stop no tempo:

Comprei 10000 PetrC36 a 0,09 = 918,00 (incluindo corretagem) atingiu 30 minutos, vendi:

Caso 1: LUCRO

A opção estava a 0,10 nos 30 minutos, não atingiu o seu objetivo que era 0,11, mas como você é um operador disciplinado em *swing trade* agressivo, teve que vender e recebeu:

R$ 982,00(descontando corretagem)

Cálculos :982-918 = 64 reais(lucro de 6,97%)

Caso 2: PREJUÍZO

Ela estava a 0,08 e seu *stop* era 0,07, porém atingiu o tempo estipulado por você para a venda, você como é um operador disciplinado, vendeu!!!

R$ 782,00(descontando a corretagem) – R$918,00 = -136,00 (prejuízo de 14%).

Como você vai comprar apenas quando o mercado estiver subindo, felizmente esta não é uma situação por que você irá passar sempre.

Caso 3: atingiu o objetivo de 0,11 e vendeu :

1088 - 918 = 170 (lucro de 18,51%).

O operador de opções a seco leva prejuízos devido ao fato de tentar colocar objetivos exagerados. Isto ocorre quando ele opera muito tempo com as opções a seco e acha que as está dominando, porém quem está sendo dominado é ele, pela ganância, que faz com que exagere nos objetivos e perca todo o lucro de meses.

Seja disciplinado e coloque objetivos mínimos (10% a 30%). No exemplo, comprei a 0,09 e vendi a 0,11 e obtive um lucro de 18%. Caso queira entrar no mercado, poderá fazê-lo novamente, porém faça apenas com os mesmos valores em reais. Não coloque o lucro. Opere pouco capital. Coloque o lucro comprando ações de boas empresas, fazendo assim, *Hedge*. (Não coloque seus lucros em opções novamente.)

118 ◆ Invista com Sucesso na Bolsa de Valores

Opere pouco capital, sempre.

17/02/09

Situação real

Estou me preparando para fazer a operação *swing trade* agressivo, porém analisando os índices futuros antes da bolsa abrir, parece que está indicando baixa. Sendo assim, dificilmente poderei operar com esse método.

Você devia estar esperando eu escrever uma situação real de *swing trade* agressivo, porém isto que escrevi é o exemplo mais importante no *swing trade*. Não opere sempre. Evite a compra compulsiva.

Lição do dia:

Você não pode e não deve tentar ganhar todo dia no mercado. Quem diz que ganha todo dia, está mentindo ou quer lhe vender algum produto, seja ele curso, livros etc.

TÉCNICA 5: OPERAÇÃO À SECO SIMPLES

Esta técnica consiste em comprar e vender as opções a seco, sem nenhum critério, a não ser os gráficos e notícias bombásticas de mercado.

O operador poderá usar apenas o critério de *stop*.

Seu objetivo deverá ser de lucro de 10% até 30%, no máximo. Não procure lucros altos. Esta técnica também não é aconselhável para investidores menos experientes, exige do operador disciplina e agilidade.

Com esta técnica, você não ganha em opções a seco através dos tempos. Após "alavancar" seu capital em carteira, saia dessa operação, senão irá devolver tudo para o mercado. Seja inteligente, ganhe dinheiro em opções a seco, depois saia dessa operação. Você terá o mesmo comportamento de um jogador de pôquer que ganhou muito. E depois de um tempo, saiu da mesa com todo o lucro. Pois, você sabe, como jogador de pôquer experiente: se ficar, vai devolver tudo. É apenas uma questão de probabilidade, só isso.

OBSERVAÇÕES ANTES DE OPERAR OPÇÕES A SECO:

-Só pode ser usada com opções entre oito dias do vencimento da opção até 30 dias(entre oito e 30 dias),senão é considerado "bilhete da sorte" e se torna explosivo.

-Leia o meu livro: *Memórias de Um Operador de Home Broker*, pois o lado emocional é o mais importante.

-Evite ficar com opções a seco nesta técnica, por muito tempo, e evite ficar comprado nos fins de semana. Lembre-se: o theta destrói o preço das opções através dos tempos. Se você operou, na compra e venda, no mesmo dia em opções, o theta não atuou, a não ser que seja na véspera do vencimento.

-Considere opções a seco como especulação e não como investimento.

-Tente comprar a opção abaixo da média ou na média do dia.

-"Nunca compre na máxima do dia."

120 ♦ Invista com Sucesso na Bolsa de Valores

-Só opere em dia de alta do mercado. Só opere na baixa se estiver a descoberto, invertendo o processo, ou seja, vendendo e depois comprando.

-O mercado tem que estar em tendência de alta a curto prazo. Verifique as Médias Móveis.

-Opere com pouco capital (é aconselhável usar no máximo 6% da carteira toda).

- Procure uma corretora que cobre por volume financeiro e não por ordem, ou cobre barato por ordem executada.

-Opere somente o que pode suportar.

-Pode usar *stops* entre 20% a 30%, mas normalmente eles não funcionam. Coloque os *stops*, mas sempre tente fazer "stop mental", ou seja, atingiu o prejuízo máximo, venda. Seja disciplinado.

-Faça as perguntas:

Você suporta perder todo dinheiro investido?

Vale a pena "investir" Y reais para ganhar xxxx reais ou perder tudo?

Exemplo real:

17/02/09

Mandei um *email* para o amigo:

Apesar de não ser aconselhável comprar opções, com o mercado em baixa, tentarei comprar a...

Valec36: 10 mil pelo preço à vista:R$ 0,14

Mandei na mensagem de *email* : Caso seja executada a ordem de compra postarei hoje à noite, venderei amanhã.

objetivo: 0,20

stop: 0,11

Comprei a 0,14 no dia 17 e vendi a 0,20 no dia 18.

Simples e seco, como o próprio nome diz.

Porém

Usei esse exemplo pois fui para compra compulsiva no mesmo dia...

O mercado continuou subindo...

Comprei 1000 opções petrc32 a 0,25

custo:

R$ 262,70

Agora tentarei vender por 0,29

e serei "stopado" em 0,20

Passaram-se três dias. E, no dia 19/02/09,

vendi a 0,23 e assumi o prejuízo.

Dúvidas:

1-Por que não esperei ser "stopado" em 0,20?

Neste caso, nós chamamos essa operação em "ser stopado no tempo". Ou seja, passou muito tempo (três dias) e a opção não subiu. Lembramos que não devemos ficar muito tempo comprado em uma opção, pois ela perde seu valor em função do tempo.

122 ◆ Invista com Sucesso na Bolsa de Valores

Lição do dia:

"Evite a compra ou venda compulsiva."

Evitar isso, é fácil! Estabeleça um valor que deseje ganhar ao dia. Ao conseguí-lo, saia do mercado.

TÉCNICA 6: OPERAÇÃO À SECO SIMPLES COM OPÇÕES ITM

Esta operação é a "menina dos olhos" de alguns autores de livros que falam de opções a seco. Consiste em você comprar uma opção bem dentro do dinheiro (muito ITM) e vendê-la com lucro. Porém, ao contrário do que é dito em alguns livros (não são todos), você não pode comprar essa opção com muito tempo até o vencimento. Se você quiser êxito no mercado brasileiro, terá que operar de oito a 35 dias somente.

Você deverá procurar a opção ITM que possua menor Valor Extrínseco (VE) possível para operar. Como você, provavelmente, não sabe o que é o VE, vou explicar. Apesar de essa palavra ser um tanto assustadora, o conceito é muito simples:

Veja o exemplo:

Opção	Preço	Lote
ValeG32	1,30	100

Certo dia a ação Vale5 custava R$ 32,50 e a opção ValeG32 estava cotada a R$ 1,30.

O comprador de opções (*call*) resolveu comprar a VALEG32 por esse preço. Se o comprador da opção exercesse o direito de comprar a Vale5 por R$ 32,00 nesse dia, então ele iria gastar R$ 32,00 por ação e mais o que ele pagou para ter a opção que foi R$ 1,30. Totalizando R$ 33,30. Veja:

32(ação) + 1,30(opção) = R$ 33,30.

Ele pagou mais caro do realmente vale a ação PN da empresa Vale do Rio Doce (Vale5) no momento. Veja:

33,30(quanto gastou) -32,50(quanto realmente a ação custa naquele momento) = 0,80.

Esse valor a mais que calculamos é o VE, também conhecido Valor de Expectativa. Se a opção do exemplo chegasse no último dia do exercício, este VE seria zero, ou quase.

Ficaria como neste outro exemplo :

Vale5 cotada a 32,10 no dia do vencimento:

Opção	Preço	Lote
ValeG32	0,10	100

A ação estava 10 centavos acima de 32, então a ValeG32 iria custar 10 centavos ou muito próximo a isso, porque é o vencimento.

O comprador de opções a seco deverá fugir do VE alto, pois ele tem a expectativa de vender no lucro .

Já o lançador de opções, deverá fazer ao contrário, quanto mais VE, melhor, pois ele vai vender quando o VE estiver alto e comprar de volta com VE baixo.

Lição do dia:

Comprador a seco de opções: compre com VE mais baixo.

Vendedor (lançador): venda com VE mais alto.

124 ♦ Invista com Sucesso na Bolsa de Valores

Agora que você entendeu o exemplo do VE, continuamos com a operação a seco ITM.

OBSERVAÇÕES ANTES DE OPERAR OPÇÕES A SECO ITM:

-Só pode ser usada com opções entre oito dias do vencimento da opção até 35 dias (o VE tem que estar no máximo em 5% do preço da opção (prêmio)).-Evite ficar com opções a seco nesta técnica, por mais de cinco dias, e evite ficar comprado nos fins de semana. Lembre-se: o theta destrói o VE das opções através dos tempos, se o VE for baixo, tudo bem ficar o final de semana.

-Considere opções a seco como especulação e não como investimento.

-Tente comprar a opção abaixo da média ou na média do dia.

-"Nunca compre na máxima do dia."

-Nesse caso você não precisa somente operar na compra em dia de alta do mercado, você pode operar em dias de baixa, na compra, desde que a tendência seja de alta.

-O mercado tem que estar em tendência de alta a curto prazo. Verifique as Médias Móveis.

-Opere com pouco capital (é aconselhável usar no máximo 6% da carteira toda).

-Procure uma corretora que cobre por volume financeiro e não por ordem, ou cobre barato por ordem executada.

-Opere somente o que pode suportar.

Opções ◆ 125

- Só opere opções ITM a seco se você tiver o dinheiro todo para comprar a ação no exercício ou pelo menos margem para exercer a opção, pois, senão, você pode ficar com ela até o final e perder o valor todo, pois, em determinados momentos, opções ITM podem ter baixa liquidez.

-Não confie nos *stops*, seja mais rápido que eles.

-Você comprou uma opção e não uma ação, ela tem tempo para acabar e você terá que ter o dinheiro para ir ao exercício e comprar as ações ou vender no lucro ou prejuízo, senão perderá todo o valor do prêmio pago.

-Faça as perguntas:

Você suporta perder todo dinheiro investido?

Vale a pena "investir" Y reais para ganhar X reais ou perder tudo?

Exemplo:

Mercado em tendência de alta:

Comprou uma opção ITM com VE menor que 5% do valor da opção.

Vende no lucro de 20%.

"Stopa" com prejuízo de 20%.

Observe:

Em um determinado dia liguei meu computador e entrei no mercado. Analisei os gráficos conforme o que foi descrito no livro e cheguei à conclusão de que o mercado estava em tendência de alta. Então, resolvi, ao invés de comprar o lote de ações, comprar o recibo de compra das mesmas, as opções de compra, pagando o prêmio.

A ação Vale5 estava cotada R$ 30,08. Eu deveria gastar R$ 3008,00 para comprar o lote de 100 ações .

Ao invés disso resolvi operar a seco, comprando uma opção ITM (dentro do preço da ação que no exemplo seriam as que estão abaixo de 30). Faltava um pouco mais de um mês para o exercício da série H (31 dias), a série G estava vencendo no pregão seguinte.

Opção ITM	Preço	Lote
ValeH24	6,15	100
ValeH26	4,33	100
ValeH28	2,73	100

Calculando os VEs:

Exemplo: VALEH "X"

Valor da Opção (prêmio) + (X) -Valor da Ação = VE

Onde:

X é o *strike* da opção*

No exemplo:

VALEH24

6,15 + 24 - 30,08 = 0,07

(Valor da Opção + Valor do Exercício - Valor da Ação = VE)

O VE está apenas 0,07 centavos, ou seja: oportunidade!!!!

Se hoje fosse o dia do vencimento, sua opção estaria nesse preço, ou seja, quase sem VE e sem prejuízo algum. Para se ter lucro nessa compra que fiz é só a ação ficar cotada acima de 30,15.

---

* nota do autor: em alguns casos, X não é o preço de exercício da Opção. Consulte o site da CBLC (www.cblc.com.br) e ou sua corretora.

Então, comprei a VALEH24 por 6,15 investindo 615 reais.

Veja o resumo da operação:

Comprei em tendência de alta, mas com mercado diário em baixa, uma opção ITM com VE menor que 5% do valor da opção.

Vou vender a VALEH24 no lucro de 20%, ou seja, R$ 7,15.

"Stopar" com prejuízo de 20%. Meu *stop* ficou em R$ 4,92.

* O operador também deve estar ciente que se o mercado reverter a tendência, a primeira coisa a fazer é vender o mais rápido possível a opção ITM e não esperar ser "stopado".

* A cada 1(um) real que esta ação variar, provavelmente irá variar quase 1(um) real nesta opção. Isto ocorre devido às opções mais ITM terem o Delta mais alto (não é necessário ao pequeno operador estudar muito o Delta (mais uma grega), apenas é importante saber que quanto mais ITM a opção, mais Delta ela terá, isto significa que, se ela for muito ITM, seu Delta será próximo do 1 (ou 100%).

Em outras palavras, variou 1(um) real na ação irá variar 1(um) real nas opções que possui o Delta próximo a 1.00 (100%).

ESTRATÉGIA

ESTRATÉGIAS DE CURTO PRAZO

Procedimento para compra e venda de ações a curto prazo:

- Verificar bolsas internacionais e índices futuros.
- Analisar a Bovespa e as notícias recentes da empresa.
- Verificar preços e valores máximos da ação.
- Utilizar a análise gráfica.
- Utilizar *stops* na recomendação descrita.
- Calcular o capital que deverá ser investido.
- Fazer a compra de acordo com o nosso índice Lu/Pre (Lucro/Prejuízo).
- Acompanhar a ação.
- Se atingir o *stop loss*, procurar outra ação.
- Ajustar os *stops* (*stop loss* e *stop gain*) conforme a tendência do mercado.
- Deixar que o mercado realize a venda da ação.
- Refazer tudo novamente.

No investimento de curto prazo, você não estará comprando empresas, estará intermediando a venda de papéis, comprando de um e vendendo para outro o mais rápido possível com lucro.

VERIFICAR BOLSAS INTERNACIONAIS E ÍNDICES FUTUROS

É necessário que você saiba que o mercado é imprevisível. Para que tenha uma probabilidade de acertos maior, você deverá acompanhar alguns osciladores e índices para que consiga antever os acontecimentos do mercado. Para isso você, como um bom *trader*, deverá verificar as bolsas da Ásia, Europa, Down Jones e índices futuros. Um site muito interessante e gratuito para acessar esses índices e osciladores é o http://br.advfn.com/.

ANALISAR O ÍNDICE BOVESPA E AS NOTÍCIAS RECENTES DA EMPRESA

Devemos analisar qual a tendência do dia, como está a empresa que você vai operar e se não existe nenhum fato novo que possa influenciar a cotação da ação.

VERIFICAR PREÇOS E VALORES MÁXIMOS DA AÇÃO

Você, antes de operar, irá verificar o preço atual da ação e quanto ela atingiu no seu máximo em 52 meses. Esta diferença deverá ser maior que 10%.

UTILIZAR A ANÁLISE GRÁFICA

Este livro tratou das ferramentas necessárias à identificação dos melhores pontos de compra e venda usando gráficos.

Estratégia ♦ 133

É importante antes de comprar a ação a curto prazo verificar osciladores, suportes e resistências da ação.

UTILIZAR *STOPS* NA RECOMENDAÇÃO DESCRITA

Verificar o *stop loss* de cada uma das ações, onde o mesmo será colocado um pouco abaixo do segundo fundo, utilizando a análise gráfica no *intraday* (15 min) em relação ao preço da ação no momento. Será verificado um potencial de valorização. Utilizando o índice Lu/Pre, você irá dividir o potencial de lucro pelo potencial de prejuízo. Esta relação deverá ser maior ou igual a 4. Esse cálculo foi retirado do método enfoque, caso queira se aprofundar mais sobre o assunto, verifique a bibliografia do livro.

CALCULAR O CAPITAL QUE DEVERÁ SER INVESTIDO

Em alguns *sites* de relacionamentos que participo, os amigos me perguntam: comprar quanto? E eu sempre respondo: compre aos poucos, sempre aos poucos.

Irei colocar a fórmula que uso para calcular o quanto se deve comprar, em relação ao quanto de capital se tem para investir.

O capital investido em cada ação deverá ser calculado por:

$$CI = \frac{14 \times CT \times I}{100}$$

Onde:

CI = Capital que deverá ser investido em uma determinada ação naquele momento.

134 ◆ Invista com Sucesso na Bolsa de Valores

CT= Capital total que se possui.

I = Taxa de investimento pretendida ao mês.

Exemplo:

Tenho vinte mil reais para investir na bolsa de valores, então, nesse caso, meu CT é 20000,00. Quero investir na ação Petr4, pois já verifiquei os índices externos e internos e calculei o Lu/Pre e foi maior que 4, analisei os gráficos, ou seja, passei por todos os passos, então calculo quanto eu tenho que investir para uma taxa de rendimento de 3%:

$$CI = \frac{14 \times 20000 \times 3}{100}$$

CI = 8400

Neste exemplo, deveria investir R$ 8400,00 dos R$20000,00 totais.

CALCULAR O POTENCIAL DA AÇÃO

Você deverá fazer a melhor compra, isto é, aquela que apresenta o melhor índice Lu/Pre.

Veja exemplo: o preço atual da ação é R$ 10,00. Ela tem uma resistência em R$ 13,00 e outra em R$ 15,00. O *stop loss* foi definido em R$ 9,00. Logo a relação é de 3/1 e, portanto, não compro a ação. Se a primeira resistência fosse R$ 14,00, a relação seria de 4/1 e consequentemente a ação seria comprada.

ACOMPANHAR A AÇÃO

Acompanhe o papel e siga o seu plano fielmente.

Estratégia ◆ 135

Se atingir o *stop loss*, procurar outra ação ou aguardar

Ajustar os *stops* (*loss* e *gain*) conforme a tendência do mercado

À medida que a ação for subindo pode-se ir mudando o *stop* para garantir um lucro mínimo. Por exemplo: você comprou a ação por R$ 10,00 e colocou o *stop loss* em R$9,00. A ação subiu para R$ 13,00 e existe uma resistência em R$ 14,00. Neste momento, mude o *stop loss* que estava em R$ 9,00 para R$12,00, pois a sua ação subiu R 3,00 e você está garantindo R$ 2,00 de lucro. Se a ação continuar subindo, vá mudando este ponto até a hora de sua ação ser vendida. Algumas corretoras oferecem esta ferramenta automática, chamada de "Trailling Stop".

DEIXAR QUE O MERCADO VENDA A AÇÃO

Deixe tudo automático. E espere os acontecimentos.

RECOMENDAÇÕES FINAIS

Não crie vínculo com a empresa ou com a ação

Não importa a ação. Não tem importância nenhuma o fundamento da empresa, apenas o potencial de valorização.

O STOP É O MAIS IMPORTANTE DE TUDO

Ao comprar as ações, é prioridade que você ajuste o *stop* nas perdas.

Entre no mercado sabendo o quanto você vai perder caso tudo dê errado. Isso mesmo! Aprenda a calcular os prejuízos antes que aconteçam.

Não importa a ação. Não tem importância nenhuma o fundamento da ação, apenas o potencial de valorização.

Não fique comprado muito tempo

Evite ficar comprado muito tempo. Não crie raízes com uma ação. Lembre-se: você é apenas um intermediário, ou seja, só quer comprar e repassar no lucro. Esqueça os dividendos, juros sobre capital e outras coisas que a ação poderá dar, pois isso não interessa. Concentre-se na compra e na venda, no *timing* certo de compra e venda.

Aprenda a perder

A vida do *trader* de curto prazo é perder e ganhar. Acostume-se com isso. Não pense que irá ganhar sempre, e não se afete com as perdas momentâneas, este é o tipo de investimento para o seu perfil. Caso não esteja suportando a vida de perdas e ganhos que está levando, faça novamente uma reflexão do que você quer para você e veja se seu perfil mudou.

No capítulo 2 foi dito que deveríamos ter três planos, e o terceiro seria aquele que seria ativado quando tudo desse errado. Serão mostradas agora três situações nas quais o Plano C é de extrema importância:

1) A estratégia já apresentada pode ser bastante perturbadora, quando o mercado está muito volátil e os *stops* são disparados a todo momento, fazendo com que, no final do espetáculo, quem ganha mais é a corretora. Neste caso, tem-se que ajustar o *stop* com mais espaço de tal forma a não ser estopado a todo instante. Nesta estratégia costuma-se tomar um "violino", isto é, quando se compra a ação, coloca-se um *stop* curto. A ação cai, o *stop* é disparado. A ação é vendida e depois o *trader* não entra nela de novo e ela sobe e vai embora. Acredite, isto acontece e muito. Por que não comprar a mesma ação e seguir a estratégia? Depois que a ação é vendida, parece que alguns investidores a deixam de castigo e só voltam a procurá-la depois de certo tempo.

Estratégia ♦ 137

2) Outra situação que também pode ocorrer é quando a ação abre com um *gap*[12] e o *stop* não é disparado. Neste caso, temos de ter um plano com um segundo *stop* para minimizar as perdas e continuar seguindo a estratégia.

3) Uma terceira situação, que é a mais comum, acontece quando o mercado cai forte e a ação não é "estopada" e, na falta de um plano C, o investidor espera. E à medida que a ação cai mais, ele fica com pena de vender e amargar um enorme prejuízo. Esta situação aconteceu na crise do subprime, quando as ações *blue chips* chegaram a desvalorizar mais de 50%. Isto cria no investidor uma decepção e ele acaba deixando o mercado e diz que seu investimento é de longo prazo. Já falamos de opções e mostramos estratégias que tentam minimizar este efeito, permitindo a retirada do mercado de uma remuneração mensal. Vale lembrar que as opções que têm liquidez no momento, no mercado brasileiro, são as da Petrobrás (Petr4), Vale (Vale5) e Bolsa de Mercadorias e Futuros (BVMF3).

ESTRATÉGIAS DE LONGO PRAZO

Procedimento para compra e venda de ações a longo prazo:

• Compre ações, sempre na maioria *blue chips*.

• Deixe um capital considerável em espécie.

• Só faça preço médio se tiver certeza do que está fazendo.

---

12 *Gap* = ocorre quando a ação fecha em um valor no dia e, no outro dia, dá um salto no seu valor real. O *gap* é muito perigoso para o investidor de curto prazo, pois esse salto pode fazer com que suas ordens de *stop* não sejam disparadas, pois passou direto. Exemplo: seu *stop* estava regulado em 7,10 em uma determinada ação. A ação fechou no dia em 7,18, e o *stop* não disparou. Até aí, tudo bem. Mas, no dia seguinte, o mercado abriu em forte baixa e o preço da ação já abriu em 6,50. Neste exemplo, houve um *gap* e seu *stop* não foi disparado, pois em nenhum momento a ação foi cotada em 7,10 que é seu preço de disparo. Nesse caso você terá que amargar os prejuízos. Investidor de curto prazo deverá aceitar as perdas, se não conseguir fazer isso, mude de perfil.

138 ◆ Invista com Sucesso na Bolsa de Valores

- Não deixe sua cota da mesma ação "engordar muito".

- Compre aos poucos e venda aos poucos.

- Venda quando estiver no lucro uma parte de sua carteira.

- Quando ganhar muito em um mês, venda tudo e espere a correção.

- Não fique mais na adrenalina e não acompanhe todo dia a sua carteira.

- Ajuste o *stop loss* no segundo suporte da ação até chegar ao lucro, depois reajuste.

- Nunca tente adivinhar o fundo de uma ação.

- Aplique apenas em ações que você manteria por 10 anos.

Este livro não tratou das ferramentas necessárias à identificação dos fundamentos de uma empresa. Procure aprofundar-se mais nos números da empresa.

Agora explicarei cada um dos passos necessários para um bom investimento a longo prazo:

COMPRE SEMPRE NA MAIORIA *BLUE CHIPS*

Sempre compre ações de empresas importantes para a bolsa. Isto é, as ações que mais influenciam o índice Bovespa.

Mantenha mais da metade de sua carteira com ações consideradas *blue chips*.

No longo prazo, os fundamentos da empresa, a própria empresa e o setor em que ela negocia são muito importantes.

DEIXE UM CAPITAL CONSIDERÁVEL, EM ESPÉCIE

Quando você vai às compras, é importante ter dinheiro. É com dinheiro que se faz excelentes negócios. Por isso, devemos ter dinheiro para possíveis quedas e tentar fazer preço médio, ou quem sabe, na melhor das hipóteses, comprar uma nova ação que está com preço sub-avaliado.

O dinheiro também serve para protegê-lo de futuras correções na bolsa. Espere bastante antes de comprar. Evite a ansiedade. Se você está ansioso, não entre no *Home Broker*.

SÓ FAÇA PREÇO MÉDIO SE TIVER CERTEZA DO QUE ESTÁ FAZENDO

Esse é o grande problema no investimento a longo prazo. Na maioria das vezes, preço médio é considerado o " pior preço ". Por isso, tenha muita certeza do que está fazendo.

Se você está comprado em uma ação que caiu demais, espere-a cair mais ainda, antes de fazer preço médio! A não ser que você ache que estará fazendo um excelente negócio, senão, espere!

NÃO DEIXE SUA COTA DE MESMA AÇÃO "ENGORDAR MUITO"

Digamos que você tenha em sua carteira, por exemplo:

50% Petrobras, 10% CSN, 20% Vale, 20% Gerdau.

Nesse caso, você está com excesso de um tipo de ação em sua carteira, que, no exemplo, se refere a Petrobras. Isso não é bom. O ideal é que você espere a ação dar lucro. Espere o quanto for necessário. Comece vendendo aos poucos até manter um equilíbrio. Caso a ação esteja mal avaliada e você cheio delas para esperar a correção, não espere muito, venda aos poucos assim que tiver lucro, mas venda, corrija sempre esta proporção.

COMPRE AOS POUCOS E VENDA AOS POUCOS

Este é o maior segredo do investimento a longo prazo. Compre aos poucos e corrija o preço de entrada, sempre. Mesmo se essa correção for para cima, mas, nesse caso, compre menos ainda. Acredite.

Não tenha pressa, compre sempre aos poucos e venda aos poucos. Não compre em patamares históricos do Ibovespa. Mas caso isso ocorra e fique por muito tempo, comece a operar apenas como um investidor de curto prazo, ou seja, com *stops* bem curtos, tipo uns 4% de perda calculada.

Quando sua ação superou a renda mensal média dos investimentos de capital de risco naquele mês, venda no lucro, mas venda aos poucos e sempre mantenha uma parte da sua ação em carteira. Lembre-se: o investimento é de longo prazo.

Exemplo:

40% Petrobras, 20% CSN, 20% Vale, 20% Gerdau.

Sua cota de Petrobras valorizou 10% em apenas um mês. Você está achando que está no caminho certo! O céu é lindo! Está tudo bem, mas não se iluda, haverá uma correção! Que tal vender um pouquinho e mais um pouquinho para embolsar os lucros? Faça isso aos poucos, bem devagar. Este é um investimento a longo prazo! Lembre-se disso!

VENDA UMA PARTE DE SUA CARTEIRA QUANDO ESTIVER NO LUCRO

É importante vender uma parte do lucro para ter sempre dinheiro para possíveis ofertas ou quedas bruscas e para aumentar seu capital de investimento. Se você estiver com dinheiro não há necessidade de vender. Pense sempre a longo prazo.

QUANDO ESTIVER GANHANDO MUITO EM UM MÊS, VENDA QUASE TUDO E ESPERE A CORREÇÃO

Digamos que de repente você se viu em uma situação de glória! Está lucrando em todas as ações! Está com 15% a 22% ou mais no mês! É muito bom! Mas venda! Venda logo! Não se espante com os lucros alheios! Está na hora de sair, nesse caso, quanto mais cedo sair, melhor!

Lembre-se: o investimento é de longo prazo, se você conseguir 60% em um ano, estará no caminho certo! Que tal garantir os 20% desse lote logo agora?

Espere bastante pela correção e vá comprando aos poucos novamente. Se a correção não aparecer, espere mais um pouco, caso ela não venha, não se sinta um fracassado, você está fazendo investimento a longo prazo. Sua meta é ficar entre 18% a 60% a.a. ou mais. Se ficar entre os 25% já está bom demais. A maioria dos fundos de investimento não chega a esse valor.

Lembre-se: John Nef ficou famoso com o fundo Windsor com um retorno médio de 13,7 %, e Warren Buffet, 24,7% a.a. Se você conseguir mais que isso, está bom, aliás, bom não, está ótimo.

NÃO FIQUE MAIS NA ADRENALINA E NÃO ACOMPANHE TODO DIA A SUA CARTEIRA.

Seu método mudou, agora você não trabalha mais para o dinheiro, o dinheiro é que vai trabalhar para você. Apenas acompanhe a bolsa e as notícias, estude os gráficos em momentos sublimes na bolsa, mas saia da frente do computador e vá cuidar de você e da sua saúde que é mais importante e seu maior ativo.

Sua corretora é que não vai gostar nada disso!

142 ♦ Invista com Sucesso na Bolsa de Valores

É claro que é apenas uma brincadeira, o que sua corretora quer é que você ganhe dinheiro, para poder investir mais e mais.

Ajuste o *stop loss* no segundo fundo da ação até chegar ao lucro

Esta é a parte mais dolorosa e tem que ser a mais rígida. **Nunca ajuste seus *stops* quando estiver perdendo.** No meu caso, ajusto o *stop loss* em 20% de prejuízo toda vez que entro com uma ação.

Você poderá usar outros valores, depende do quanto você suporta a perda. Encare isso como um preço para entrar no mercado. Esteja disposto a pagar esse preço. Se não está disposto a perder 10% pelo menos, então, você não pode estar no mercado de capitais, em investimento a longo prazo. Procure algo que tenha mais a ver com você, fique no *trade* diário.

Lembre-se: como o investimento é a longo prazo, não importa se você perdeu 18% agora, você irá recuperar em três anos ou mais. Mas você deverá estar com a ação certa. Aguarde e verá. Por isso é muito importante estar com uma carteira de ações de empresas sólidas. E não se esqueça de ir sempre às compras, mas bem aos poucos.

NUNCA TENTE ADIVINHAR O FUNDO DE UMA AÇÃO

Não pense que você chegou ao melhor ponto de compra, no ponto onde ela nunca mais cairá, pois isso não acontecerá na maioria das vezes. Compre as ações aos poucos e nada mais, não tente apenas comprar no melhor preço, pois esse pode ser o pior momento de entrada, apenas compre, mas sempre aos poucos.

APLIQUE APENAS EM AÇÕES QUE VOCÊ MANTERIA POR 10 ANOS

Se você acha que 10 anos é muito tempo para ficar com essa ação então a esqueça. Não que eu queira que você fique tanto tempo com ela, mas se você não a quer, então ela não serve para esse tipo de investimento.

RECOMENDAÇÕES FINAIS

Estude o gráfico

O gráfico, no investimento de longo prazo, também é importante, pois evitará que você compre no início da tendência de baixa, pois o raciocínio que você terá nesse momento é: "Não vou comprar agora, pois vai cair mais".

Outro fator é vender na mudança de tendência.

NÃO ESPERE ALCANÇAR OBJETIVOS RAPIDAMENTE

Seu objetivo não aparece de uma hora para outra.

Pagar impostos sem medo

PAGAR IMPOSTOS SEM MEDO

Este capítulo é dedicado àqueles que detestam pagar impostos em operações financeiras. É importante para o leitor saber que:

> **Lição do dia:**
>
> **Se você não está pagando imposto na bolsa é um sinal de que você não está lucrando como deveria.**

Quando pagamos impostos na bolsa de valores, eles são calculados apenas com base nos nossos lucros e nada mais. Se você está pagando imposto demais, procure reduzir, melhorando sua administração de recursos, porém sem diminuir seu lucro. Caso não consiga, fique feliz, pois você está lucrando e o país também.

Muitos deixam de operar no mercado de derivativos por saber que terão de pagar impostos sem nenhum tipo de isenção, diferentemente das ações.

Primeiramente, temos que separar o imposto de ações e impostos sobre operações com derivativos. As taxas variam de tempos em tempos, sendo assim, consulte material atualizado.

IMPOSTOS SOBRE A AÇÃO

Você tem isenção sobre R$ 20000,00 alienados no mês em ações, ou seja, se apenas vendeu até 20 mil reais em ações por mês, suas operações são isentas de impostos, com exceção do IR retido na fonte, feito automaticamente pela sua corretora.

As compras são isentas de impostos.

Prejuízos não serão taxados, ou seja, mesmo que tenha vendido acima de 20 mil reais, mas fez no prejuízo, não será devido nenhum imposto.

148 ◆ Invista com Sucesso na Bolsa de Valores

Lembre-se: o valor calculado na hora de pagar é sempre sobre o lucro e não sobre o montante total operado. No montante total operado é importante apenas a isenção. Caso você opere na venda sempre acima de 20 mil reais, saiba que deverá pagar imposto sobre o seu lucro.

ALÍQUOTA:

Atualmente a taxa é de 15% sobre o lucro no mês. Prejuízos poderão ser descontados.

Em *daytrade* a taxa é de 20%.

DAYTRADE:

Nessas operações de compra e venda no mesmo dia da mesma ação, você deverá pagar 20% sobre o lucro. Prejuízo em *daytrade* no mesmo mês poderá ser descontado. Não podem ser descontados prejuízos com operações que não sejam *daytrades*.

Exemplo:

Lucrou mil reais em *daytrade*, mas teve um prejuízo de 2 mil reais em operações que não foram feitas no mesmo dia. Neste caso, você terá que pagar R$ 200,00 de impostos, ou seja, 20% dos mil reais de lucro, nas operações do mesmo dia. Não pode abater prejuízos em operações comuns com *daytrades* e vice-versa.

IMPOSTOS SOBRE AS OPÇÕES

Você não tem isenção na venda e no lançamento. As compras são isentas de impostos. Prejuízos não serão taxados, ou seja, mesmo que tenha vendido ou lançado, mas fez no prejuízo, não será devido nenhum imposto. Lembre-se: o valor calculado na hora de pagar é sempre sobre o lucro e não sobre o montante total operado.

ALÍQUOTA:

Atualmente a taxa é de 15% sobre o lucro no mês. Prejuízos poderão ser descontados, sendo que deve ser no mesmo tipo de operação, ou seja, lucro no lançamento pode ser descontado com prejuízos no lançamento ou venda, desde que não sejam feitas em modalidades diferentes, como o *daytrade* e outro não.

Em *daytrade*, a taxa é de 20%.

DAYTRADE:

Nessas operações de compra e venda no mesmo dia na mesma opção, você deverá pagar 20% sobre o lucro. Prejuízo em *daytrade* no mesmo mês poderá ser descontado. Não podem ser descontados prejuízos com operações que não sejam *daytrades*.

Exemplo:

Lucrou mil reais em *daytrade*, lançando opções e desfazendo no mesmo dia, comprando de volta, mas teve um prejuízo de 2 mil reais em operações que não foram feitas no mesmo dia.

150 ♦ Invista com Sucesso na Bolsa de Valores

Neste caso, você terá que pagar R$ 200,00 de impostos, ou seja, 20% dos mil reais de lucro nas operações do mesmo dia. Não pode abater prejuízos em operações comuns, com as operações de *daytrades* e vice-versa.

PAGAR IMPOSTOS

O pagamento é feito através de Darf e pode ser *online*, pelo seu *bankline*, até o último dia do mês posterior a essas operações.

Prejuízos podem ser deduzidos, sem problemas, desde que seja no mesmo mês e no mesmo tipo de operação.

Vá à opção pagamento do *bankline*, clique em Darf.

No código do campo 4 do Darf, coloque 6015, se você for pessoa física. No campo 5, referência, não escreva nada. Preencha o valor a ser pago.

IMPOSTO RETIDO NA FONTE

O imposto retido na fonte não é o pagamento citado anteriormente. Quando você faz uma operação de venda de ativos em bolsa, há um recolhimento de uma pequena parcela de imposto feito pela sua corretora, automaticamente.

Será com este imposto que você menos deverá se preocupar, pois a obrigação do pagamento é sua, porém quem deverá fazê-lo é sua corretora. Ela fará isso por você automaticamente na alienação (quando você faz a operação de venda).

Este imposto, retido na fonte, pode ser deduzido no pagamento do Darf citado anteriormente. Porém, no caso de pessoa física, caso não consiga deduzi-lo no cálculo do mês a pagar, o investidor deverá solicitar pedido de restituição.

A responsabilidade do recolhimento do imposto retido na fonte é da instituição que mantém seus ativos sobre custódia (normalmente, sua corretora).

ALÍQUOTA:

A alíquota é de 1% na venda de ações e derivativos em operações *daytrades* e 0,005% em operações que não são feitas no mesmo dia.

Operações com lucros e prejuízos com opções, ações, futuros e a termo, poderão ser deduzidas entre si, no mercado à vista. Consulte os boletos de operações para saber quanto pagou de IRRF para tentar reduzir no mesmo mês que vai pagar o Darf 6015, citado anteriormente.

As alíquotas e isenções podem mudar de acordo com a política nacional, consulte legislação vigente.

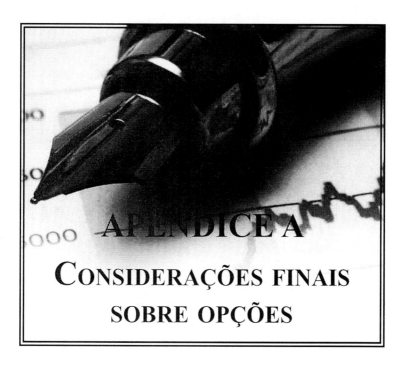

APÊNDICE A
CONSIDERAÇÕES FINAIS SOBRE OPÇÕES

Achei por bem finalizar, escrevendo um pouco o lado teórico do mercado de opções.

Porém, repito:

Se você não quer ser um "catedrático" no assunto, e /ou se desejar, avance a leitura.

ANÁLISE TEÓRICA DA PRECIFICAÇÃO DAS OPÇÕES

Existem cinco fatores importantes que influenciam no preço de um derivativo. São eles:

- Preço da ação

- Volatilidade

- Preço do exercício (*strike*)

- Taxa de juros reais

- Tempo

PREÇO DA AÇÃO

Quanto maior o preço do ativo objeto, maior será o preço da opção. Lógico que isso é uma situação teórica. Se mantivermos outros fatores inalterados, será assim que a opção se comportará.

Mas isto é uma situação puramente teórica. Será raro o momento em que apenas o preço da ação será o fator único de variação da opção.

156 ♦ Invista com Sucesso na Bolsa de Valores

Um raro momento pode ocorrer quando você compra uma ação muito dentro do dinheiro (muito ITM). Neste caso, se você não pagou VE sobre a opção, então sua opção será diretamente relacionada ao preço da ação.

Mesmo assim, você perceberá que, dependendo do que ocorreu com essa ação, no seu passado, esta opção muito ITM poderá mudar o comportamento e ter um preço com VE significativo.

Esta variação de comportamento em função do preço da ação, de todos os tipos de opções (ITM, ATM ou OTM), ocorre devido principalmente ao segundo fator relacionado na lista, "a volatilidade".

VOLATILIDADE

É o conceito mais complicado de ser quantificado e entendido. A volatilidade é o estudo do passado do ativo objeto (ação). É uma tentativa matemática de precificar a ação, no futuro, tendo assim sua influência no preço da opção derivada desta ação.

Em outras palavras, se você está operando uma opção de uma ação que tem uma variação de preço bem pequena através dos tempos, a ação tem uma volatilidade baixa. Sendo assim, sua influência no preço desta opção é menor.

Se, ao contrário, você está operando uma opção de uma ação que tem uma variação de preço muito alta, através dos tempos, a ação tem uma volatilidade alta. Sendo assim, sua influência no preço desta opção é maior.

Não é aconselhável operar opções de ações com volatilidade muito elevada, salvo raras exceções que consideramos como oportunidades de mercado.

APÊNDICE A ◆ 157

Veja exemplo de duas opções fictícias que coloquei no simulador de opções:

fonte: http://www.investmax.com.br/iM/content.asp?contentid=689

Foram escolhidas a ValeK40 e a ValeK42. Sendo que repeti as duas, com valores de volatilidade diferentes. Utilizei a volatilidade de um ano e de seis meses, no período. O final deste período de um ano estava muito turbulento. Sendo assim, a volatilidade estava em 154,85%. Já o período de seis meses foi 136%, ou seja, menos volátil.

Clique em "simular".

Na simulação, o ativo estava em 39,45, a taxa de juros estava em 8,75% e faltavam nove dias para o vencimento. A única coisa que mudou foi o valor da volatilidade.

No exemplo, foi apreciado o comportamento da Vale5 nos primeiros seis meses do ano (136% de volatilidade) e como ela estava nos últimos 12 meses finais (154,84%).

158 ♦ Invista com Sucesso na Bolsa de Valores

Como a Vale5 ficou muito volátil nos últimos 12 meses, o preço de sua opção variou, teoricamente.

A questão é:

Como você vai saber exatamente se a volatilidade futura daquela determinada ação que você está operando está correta?

– Não irá saber. Apenas terá uma estimativa de variação de preço que, na prática, dificilmente será o valor real no futuro, mas provavelmente, estará próxima.

Um bom uso do conceito de volatilidade é perceber que, quanto mais volátil estiver a ação, na qual você for operar com opção, mais você exigirá do mercado na venda (lançamento). Porém, na compra de Opções (call), você deverá comprar menos lotes.

Com operações a seco no pó, o raciocínio é inverso. Ou seja, quanto mais volátil o mercado, mais chances de ganhar na compra do pó e menos você poderá operar na ponta vendedora em opções muito OTM.

Se desejar ter acesso aos dados de volatilidade de determinada ação do índice Bovespa, acesse:

http://www.risktech.com.br/Dados/

Ou procure no *site* de buscas.

PREÇO DE EXERCÍCIO

Voltando ao exemplo da figura do simulador, note que o preço de exercício (*strike*) da opção também tem influência na sua precificação final. A ValeK42 tem um preço maior do que a ValeK44, pois seu *strike* está mais próximo do preço da ação Vale5. No exemplo, a Vale5 está em R$ 39,45.

APÊNDICE A ♦ 159

Se a ação pagar dividendos, o *strike* da opção será ajustado, descontando o valor do dividendo pago. Escolhi no exemplo a Vale5, pois a mesma pagou um dividendo de 42 centavos por ação naquele mês. Sendo assim, a ValeK40 está com um preço de exercício de 39,58 e a ValeK42 em 41,58. Influenciando no preço final da ação, devido ao fato de trazer seu *strike* mais próximo do preço. Reveja a figura do simulador na página 157.

TAXA DE JUROS REAIS

Elas atualmente influenciam pouco na precificação da opção. Isto ocorre devido às taxas de juros no nosso país estarem perto da estabilidade. Porém, esta influência é pequena, mas existe.

Se, por exemplo, um lançador de opção compra 1000 ações da Petr4 por 40 reais e deseja lançar uma opção no preço, visando ganhar a taxa. Escolhe a opção ATM, PetrK40, por exemplo.

Ele terá que embutir no lucro a taxa de juros mínima que ele ganharia em uma operação menos rentável. Veja:

1000 Petr4 = 40,00 => 40000,00

Se ele aplicasse em um CDB, ou qualquer outra aplicação com taxa de 1% a.m receberia R$ 400,00 por 40 mil aplicados.

Ao lançar a opção PetrK40, faltando um mês para o exercício, comprando a ação a R$ 40,00. Ele deveria vender esta Opção a 0,40. Veja:

Comprando a ação a R$ 40,00, o investidor deve lançar a Opção ATM (PetrK40). No exemplo, seria com um preço mínimo de 0,40. Pois este valor equivale a um ganho de 1%.

+1000 Petr4 = 40,00 x 1000 = 40000

- 1000 Petrk40 = 0,40 x 1000 = - 400

Recebeu R$ 400,00

Seria mais vantajoso nesta operação ele aplicar no CDB de 1% a.m., pois o risco é menor e a taxa foi a mesma que no lançamento, 1% a.m.

Por isso, as taxas influenciam no preço da opção, pois mexem diretamente com a demanda, aumentando a exigência do mercado em relação à oferta da opção a ser vendida.

TEMPO

Todas as opções (ATM, ITM e OTM) são afetadas pelo tempo. Este é o fator mais importante no preço da opção, e o operador deve estar atento a isto. Lembrando que, quando você está vendido, o tempo está a seu favor. E quando está comprado, em opções, o tempo está contra você.

O tempo destrói o VE (Valor Extrínseco), também conhecido como Valor de Expectativa das opções. Quanto menos tempo, menos VE.

O fator tempo é mais prejudicial às opções OTM. As opções OTM são aquelas que estão fora do preço da ação. Nesse caso, seu preço é todo VE, não existe nenhum valor intrínseco, apenas extrínseco.

As opções ATM vêm em segundo lugar em perda de VE através do tempo. E as ITM são as menos afetadas, porém elas perdem bastante liquidez na proximidade do vencimento.

O tempo influencia diretamente o preço da opção, pois ela tem tempo para acabar (vencimento).

APÊNDICE B
Sobre os exemplos de operações reais

APÊNDICE B ♦ 163

Você pode estar achando estranho que existam poucos osciladores e ou achar que existem poucas informações técnicas neste livro ou que ele está um pouco repetitivo. Na verdade, nós, escritores, tomamos o máximo cuidado de colocar apenas operações que realmente funcionam e que fazem com que você ganhe com o passar dos anos. Apesar de sermos professores de finanças, não temos nenhum interesse em fazer um livro muito teórico, o que queremos é popularizar o investimento. Fizemos escolhas de *softwares* livres e *sites* com conteúdos gratuitos por esse motivo. Lógico que o operador com maior pretensão a ser um *trader* profissional, deverá optar por *softwares* mais avançados e dados mais qualitativos com velocidade de transmissão mais elevada, pois isso poderá aumentar seu lucro.

Para provar isto, vou relembrá-lo, caro leitor, que as "operações exemplos" são reais. Coloquei em uma comunidade de um *site* de relacionamentos que você poderá consultar na bibliografia.

A "postagem" das informações foi em tempo real, ou seja, "não esperei para ver se dava certo e coloquei a mensagem lá", ao invés disso, o que fiz foi "operar e postar logo em seguida", antes dos resultados. Confira novamente e veja como é operar na prática. Caso tenha mais interesse sobre o assunto, consulte a comunidade: "Iniciante sem Medo" e confira.

APÊNDICE C
A Deficiência da Matemática

(artigo publicado em www.clubedopairico.com.br)

Conversando com amigos em um restaurante à beira da praia, surgiu uma conversa sobre "investimentos". Sei que não é o lugar adequado para falar desses assuntos. Todos nós sabemos que existem coisas mais interessantes para conversar à beira do mar. É só olhar em volta e verá.

Mesmo estando ressabiado para entrar no mérito da questão, não pude evitar, e acabei participando da conversa.

Um dos amigos estava falando que operou na bolsa por algum tempo. Chegou até a reduzir sua carga horária no trabalho e não obteve resultado satisfatório. Ele sabia que eu era um "vencedor" na bolsa e estava só puxando a conversa para o meu lado, quando, então, ao me ver totalmente desatento ao assunto e atento às "belezas cariocas", me chamou a atenção para conversa, perguntando:

– Alexandre...Qual o segredo de ganhar na bolsa?

Neste momento, tive que deixar de me distrair com a beleza da natureza que Deus criou e respondi:

– Se você quer ganhar na bolsa ou em qualquer investimento, evite perder.

E finalizei com uma frase, muito conhecida no mercado:

– Ganha mais, quem perde menos!

E dei aquele sorriso simpático.

O assunto continuou, ficou mais acalorado, ninguém entendeu o que eu quis dizer. Até então, já sabia que isso ia ocorrer. Normalmente, eu faço essas declarações bombásticas e fico esperando o que vai acontecer.

168 ◆ Invista com Sucesso na Bolsa de Valores

Após muito tempo, o garçom trouxe mais cervejas.Vendo que ninguém chegou à conclusão nenhuma, peguei um pedaço de guardanapo de papel, que estava na mesa do restaurante, pedi ao garçom sua caneta emprestada e escrevi.

Mil reais

+ 10%

Entreguei para um dos amigos e disse:

– Calcule o montante final com o ganho de 10% de mil reais.

Ele resmungou, falou que a conta era fácil. Mas eu insisti, entregando a caneta em sua mão:

– Calcula!

Ele calculou do outro lado do guardanapo e me devolveu.

No verso do papel estava em destaque a resposta do cálculo:

1100 reais

Peguei outro papel na mesa e escrevi:

1100 reais

-10%

Entreguei a ele e pedi para fazer mais um cálculo.

Ele rabiscou uns números, mordendo a língua e me devolveu, mas dessa vez detalhou o cálculo. Era algo mais ou menos assim:

1100-110(10% de mil e cem)

=990 reais

Nesse momento, peguei dois guardanapos, fiz um resumo. Levan-

APÊNDICE C ◆ 169

tei-os mostrando a todos.

1000 reais + 10% = 1100 reais

1100 reais - 10% = 990 reais

E logo em seguida, perguntei a todos:

— Entenderam agora?

O meu amigo me disse:

— Entender o quê?

Expliquei, com os dois guardanapos à mostra:

— O exemplo que indiquei a vocês foi de uma situação real que acontece no mercado ou em qualquer investimento que envolva riscos.

E indaguei:

— No exemplo, você ganhou 10% e perdeu 10%, não é mesmo?

Todos concordaram em silêncio balançando a cabeça e, então, continuei:

— Só tem uma coisa que vocês não notaram!

— Você investiu 1000 reais e, no final, ficou com 990 reais. Ou seja, menos do que tinha antes de investir. Ganhou 10%, perdeu 10%, mas ficou com menos!

Como o teor alcoólico da cerveja já tinha feito efeito, dei uma sonora gargalhada esquecendo que estava em um restaurante.

E terminei o assunto, alertando:

EVITEM AS PERDAS!

É óbvio que, naquela conversa, eu estava falando de investir. Na contramão desse assunto, está aquele que quer especular. Nesse caso, para quem deseja especular, e não necessariamente investir, não deve ter o foco em perdas e, sim, em ganhos. O especulador deve, acima de tudo, aceitar as perdas. Mas, ambos, devem saber que as perdas fazem parte do processo de investimento.

Espero que, com esse texto, os investidores reflitam novamente sobre suas operações e invistam com consciência. Respeitem o poder dos juros compostos e o grau de risco de sua carteira, e evitem ao máximo perder.

E quando o "evitar as perdas" for impossível, minimize-as.

Epílogo

Estamos chegando ao fim de um projeto. Um projeto que tinha como ideal mostrar ao investidor da bolsa de valores, que usa o sistema *Home Broker*, que é possível ganhar dinheiro com esse tipo de investimento.

A ideia inicial da obra era indicar ao investidor as tendências de mercado, fazendo que não compre em uma tendência de baixa e não venda em uma tendência de alta. Os famosos: "quando eu compro"e "quando eu vendo", tão solicitados pelos meus leitores em minha *Memória de Um Operador de Home Broker*.

Após a leitura de um livro deste tipo, é muito comum ao leitor querer saber exatamente qual o melhor investimento adotado pelos autores. Não vejo em nenhum livro uma definição clara sobre qual investimento a ser adotado. Também não li em nenhum momento o que é eficiente e o que não é.

São tantas técnicas, tantos detalhes, que um investidor muitas vezes fica perdido no que fazer.

O motivo pelo qual você não irá ler nada a respeito em outros livros é:

Lição do dia:

- Não existe a operação mais eficiente!

Não existe a melhor operação. Não existe a operação perfeita.

O que existe é "a operação" de cada investidor.

Existe "aquela operação" que foi feita no momento correto, adequado ao seu perfil de investidor.

Não queira mudar de perfil no meio do caminho. E não tente mudar a estratégia se esta não foi predefinida.

Não tente mudar o momento. Se for alta, é alta, vai subir. Se for baixa, vai cair. Espere e verá.

174 ♦ Invista com Sucesso na Bolsa de Valores

Para não deixar um vazio literário, estou indicando, aqui, as operações mais utilizadas no momento, por nós, lembrando que cada um terá sua porcentagem maior em relações ao momento de mercado.

A seguir, as operações citadas.

Em ordem crescente, as primeiras são aquelas que possuem maior volume em nossa carteira.

As outras, que vêm depois, possuem um valor menor em relação à carteira.

Lembramos que a venda descoberta sempre será aquela que não é considerada para maioria dos investidores como uma operação descoberta, pois deverá ser "travada, sempre travada".

MERCADO EM ALTA

1. Compra de ações

2. Venda coberta de opções

3. Compra a seco de opções. Em dias de alta.

MERCADO SEM TENDÊNCIA DEFINIDA

1. Compra de ações com venda coberta de opções.

2. Compra e venda de ações

3. Compra a seco de opções próxima do vencimento (bilhetão)

MERCADO EM BAIXA

1. Venda coberta

2. Venda descoberta com trava

3. Aluguel de ações

4.Ficar líquido ("crise") e operar na venda de Opções com trava.

Para saber se o mercado está em alta, baixa ou sem tendência definida, analise os gráficos através dos indicadores descritos nesta obra.

Gostaríamos de agradecer a você a leitura deste livro. Espero que tenha gostado do conteúdo da obra. A nossa intenção foi deixá-lo apto a operar na bolsa pelo sistema *Home Broker*.

Tentamos desmistificar o mercado de ações e opções, mostrando operações mais conhecidas e mais utilizadas de uma forma clara e didática para que todos aqueles que tenham um capital para investir, tenham a chance de ajudar o país e ganhar dinheiro com isso.

A nossa intenção é popularizar a bolsa de valores e esperamos ter colaborado com isso.

BIBLIOGRAFIA

Bastter, Maurício Hissa,. Investindo em Opções , Elsevier Campus, 2007

Kiyosaki, Robert T. Pai Rico, Pai Pobre, Elsevier Campus, 2007

Gunther, Max. Os Axiomas de Zurique. Editora Record, 2006

Paulos, John Allen. A Lógica do Mercado de Ações. Editora Campus, 2004

Buffett, Mary . O Tao de Warren Buffett. Editora Sextante, 2006

Sites

Comunidade Iniciante sem Medo

www.orkut.com.br

web.apligraf.com.br

www.advfn.com.br

www.clubedopairico.com.br

www.cblc.com.br

www.investidoragressivo.com.br

www.bovespa.com.br

www.orkut.com (Comunidade do Investidor Agressivo)

www.enfoque.com.br

www.mensalinho.com

www.vale.com.br

www.petrobras.com.br

//cincopesosdedoisquilos.blogspot.com/

Email para adicionar orkut e MSN: alexandre013@hotmail.com

Baixar o programa Grafixjava gratuitamente:

http://www.grafix2.com/download.htm

Impressão e acabamento
Gráfica da Editora Ciência Moderna Ltda.
Tel: (21) 2201-6662